세상을 바꾼 복음전도

세상을 바꾼 복음전도

지은이 | 마이클 그린
옮긴이 | 황진기
초판 발행 | 2024. 5. 16
등록번호 | 제1988-000080호
등록된 곳 | 서울특별시 용산구 서빙고로65길 38
발행처 | 사단법인 두란노서원
영업부 | 02)2078-3333 FAX | 080-749-3705
출판부 | 02)2078-3330

책값은 뒤표지에 있습니다.
ISBN 978-89-531-4841-3 03230

독자의 의견을 기다립니다.
tpress@duranno.comwww.duranno.com

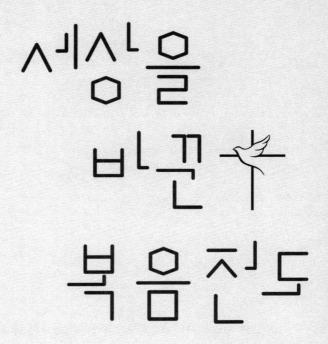

세상을 바꾼 복음전도

어떻게 전도해야 하는가,
역사에서 배우라

마이클 그린 지음

황진기 옮김

두란노

| Contents |

이 책에 대하여_ 모든 전도자들의 손에 들려져야 할 책 ·8

프롤로그_ 복음, 인생을 바꾸고 세상을 바꾸다 ·17

PART 1

교회사 속
복음전도의
역사

1 ── **최초의 복음전도자_ 예수** · 22
예수님 자신이 하나님의 복음이다

2 ── **1세기 그리스도인들의 복음전도_ 사도들** · 36
살아 있고 불타오르는 신앙, 그리고 팽창해 가는 공동체

3 ── **2-4세기 교부시대 복음전도_ 폴리캅** · 59
박해 속에도 예수 복음이 로마 전역에 들불처럼 번지다

4 ── **4세기 기독교국교화 후 복음전도_ 아우구스티누스** · 86
명목상 신앙과 교회의 부패로부터 벗어나려 하다

5 ── **6-7세기 켈트족 복음전도_ 세인트 패트릭** · 105
로마를 넘어 토착화 전도를 통해 영국이 복음화되다

6 ── **5-15세기 중세시대 복음전도_ 존 위클리프** ·119
라틴어가 아닌 보통 사람의 언어로 복음을 전하다

7 ── **16세기 종교개혁 시대의 복음전도** ·133
_ 마르틴 루터, 장 칼뱅
오직 성경, 오직 믿음 외에는 하나님께로 나아갈 길이 없음을 외치다

8 ── **18세기 복음주의 부흥_ 존 웨슬리와 조지 횟필드** ·159
무법천지가 된 세상, 부흥과 회개 사역이 휩쓸다

9 ── **18-19세기 사회변혁**
_ 윌리엄 윌버포스, 찰스 시므온 ·178
노예제 폐지 등 정의를 외치며 사회를 바꾸다

10 ── **20세기 웨일스 대부흥_ 에반 로버츠** ·202
기도 없이는 부흥은 물론이고 효과적인 전도도 일어날 수 없다

11 ── **20-21세기 전도 집회**
_ 드와이트 무디, 빌리 그레이엄 ·221
전도 집회, 도시 전도를 새로운 차원으로 올려놓다

PART 2

이 시대
복음전도의
도전과 과제

12 ── **나의 복음전도 60년** ·250
이 시대에 어떻게 전도할 것인가, 역사에서 배우라

에필로그_ 복음전도, 우리에게 주어진 영광스러운 일 ·271

소그룹과 함께 나눌 질문들 ·282

모든 전도자들의 손에
들려져야 할 책

마이클 그린은 존경받는 복음전도자이면서 복음전도에 관한 연구자이다. 그는 기독교 초기 3세기 동안의 복음전도를 연구한 《초대 교회의 복음전도》(*Evangelism in the Early Church*)의 저자로 널리 알려져 있다. 나는 그가 교회사 전체를 아우르는 복음전도의 역사에 대한 책을 저술했으면 하는 아쉬움을 늘 가지고 있었다. 그런데 그는 바로 그 일을 이 책을 통해 해냈다.

이 책에서 그는 예수님과 사도 시대부터 오늘날에 이르기까지의 복음전도에 대해 면밀히 연구한다. 유명한 복음전도자들도 다루지만 우리에게 잘 알려지지 않은 복음전도자들도 소개해 준다.

그린이 세상을 떠나기 전에 집필한 이 책을 유고작으로 출판할 수 있게 해 준 그의 가족들께 감사드린다. 2019년, 그는 하나님의 부르심을 받았다. 그를 더 이상 볼 수 없게 되었지만, 우리는 복음전도에 대해 그가 마지막으로 남긴 글을 읽는 기쁨을 누리게 되었다.

그린은 교구 목사로 섬기다가 신학교 교수로 학생들을 가르쳤고, 또 영국과 미국을 오가며 사역한 60여 년 동안 복음전도 분야에 대한 저술을 이어 갔다. 복음전도에서 성령, 변증학에 이르기까지 다양한 주제에 대해 50권 이상의 책을 저술했다. 나는 개인적으로 그의 《현대전도학》(Evangelism through the Local Church)에서 많은 유익을 얻었다. 복음전도의 상황과 방법을 다룰 때 그는 폭넓은 견해를 보여 준다. 앞에서 《초대 교회의 복음전도》라는 잘 알려진 책에 대해 언급하였는데 나의 연구와 저술이 이 책을 상당히 많이 의지했음을 솔직히 고백한다. 내가 이 말을 하는 것은 그린의 학문적 공로를 인정하려는 뜻에서다.

이 책에서 우리는 복음전도를 위해 그리스도인들을 훈련시키는 일에 대한 그의 열정을 알게 된다. 그가 교회사에서 택하여 소개하는 복음전도자들을 보면 오늘날 우리에게 영감을 주고 실제적으로 도움이 되는 그리스도인들을 그가 제대로 알아봤음을 알 수 있다. 그린은 언제나 학자이면서 사역자이고 목사와 교사이면서 동시에 복음전도자인, 보기 드문 조합의 인물로 통한다. 수년 동안 교수로 사역하면서 나는 복음전도자들이 사람들을 만나고 여러 상황에서 사역을 하며 복음을 전하는 일에는 우선순위를 두면서 깊이 있게 연구하고 저술하는 일은 얼마나 힘들어하는지를 지켜보았다. 하지만 그린은 학자로서의 엄격함을 추구하는 일을 결코 회피하지 않았다. 그는 복음전도자이면서 복음전도에 대해 연구하는 학자였다. 그의 열정 덕분에 우리는 혜택을 누리게 되었다.

그리스도인들은 우리가 본 복음전도 모델들을 통해 복음전도를 이해하게 되는 것이다. 지난 2천년 동안 그리스도인들은 복음을 전하기 위해 다양한 수단과 방법을 사용했다. 이 책은 복음전도 사역에 대한 이해의 지평을 넓혀 준다. 그는 우리가 앞선 세대의 복음전도자들의 진가를 제대로 알고 그들에게 배우도록 도와준다. 그는 우리가 피해야 할 실수들에 대해 경각심을 일깨워 준다. 그는 우리가 복음을 증거하는 일에 영향을 미치는 문화적 변화들에 대해, 심지어 최근 서구 사회가 포스트모더니즘으로 변화하는 것과 그로 인해 생겨난 도전들에 대해서도 다룬다.

여기 그린을 잘 모르는 독자들을 위해 그에 관한 몇 가지 소개말을 덧붙인다. 그는 옥스포드와 케임브리지대학에서 공부했다. 학생 시절에 그는 복음전도자로의 부르심에 대한 확신을 가지게 되었고 대담하지만 호소력 있는 자신만의 전도 방법을 개발했다. 그는 개인 전도도 했지만 공개적인 변증에도 참여했다. 옥스포드에 있는 동안 옥스포드대학 크리스천연합의 회장이었다. 그는 1954년에 한 기독교 소그룹이 위험을 무릅쓰고 런던 해링게이 아레나(Harringay Arena)에서 전도 집회를 열기 위해 미국에서 온 젊은 복음전도자를 초대했던 사건을 들려준 적이 있다. 집회 장소에는 미국 노스캐롤라이나주에서 온 빌리 그레이엄의 메시지를 듣기 위해 밤에 찾아온 사람들로 가득 찼다.

몇 년 뒤 그린은 해링게이 아레나 전도 집회의 열매가 지속되는 것을 목도했다. 그린이 런던신학교에서 강사로 일할 때 빌리 그레이엄의 메시지를 듣고 믿게 된 몇몇 학생들을 만난 것이다. 그는 또한 새롭게 사귀게 된 친구들에 대해 이야기했다. 해링게이 아레나에서 빌리 그레이엄을 돕는 일에 함께했던 존 스토트(John Stott)였다. 그린과 존 스토트는 그 뒤 평생을 친구로 지냈다.

1967년에 그린은 존 스토트와 제임스 패커(J. I. Packer)의 초청을 받아 전국복음주의성공회대회로 모인 복음주의 지도자들 앞에서 메시지를 전했다. 그로부터 2년 후에 그린은 런던신학교의 학장이 되었다. 이 기간 동안에 그는 *Man Alive*(부활의 증거)와 *Runaway World*(폭주하는 세상)을 저술했는데, 이 두 책을 통해 그는 유명 전도자요 변증가로 인정받게 된다.

1975년에 그린은 옥스포드에 있는 세인트알데이트교회(St. Aldate's Church)의 교구 목사가 되었고 옥스포드목사회의 담당 목사가 되었다. 이 교회는 그가 섬기기에 안성맞춤인 전략적인 사역지였다. 학생 사역을 매우 중요하게 여기고 복음전도의 기회도 많은 교회였기 때문이다. 그의 사역은 놀라운 속도로 커져 갔다. 여러 난관들이 있었음에도 불구하고 그린은 학생들과 평신도들의 복음전도 사역을 발전시켰다.

우리는 종종 복음전도자들이 복음을 전하는 데만 시간을 쓴다고 생각한다. 하지만 그렇지 않다. 이들은 그리스도인들로 하여금 복음을 전하도록 훈련시킨다. 사도 바울은 말한다. "그가 어떤 사람은 사도로, 어떤 사람은 선지자로, 어떤 사람은 복음 전하는 자로, 어떤 사람은 목사와 교사로 삼으셨으니 이는 성도를 온전하게 하여 봉사의 일을 하게 하며 그리스도의 몸을 세우려 하심이라"(엡 4:11-12). 복음전도자들이 단지 복음 전하는 일만 하는 것은 아니다. 그들은 다른 사람들이 복음을 전할 수 있도록 훈련시킨다. 복음전도자들은 복음전도의 모델을 보여 주고 우리보다 앞서 가서 우리가 전도에 참여할 기회를 만들어 준다. 그린은 자신이 직접 복음을 전하고, 복음전도의 모델을 보여 주며,

그리스도인들이 복음을 전하도록 훈련시키는 그런 복음전도자였다. 그는 교구와 대학에서 이러한 사역을 했다.

1987년에 그린은 아내 로즈메리(Rosemary)와 캐나다로 이주하여 밴쿠버에 있는 리젠트칼리지(Regent College)에서 전도학 교수로 섬겼다. 그의 강의는 학생들의 마음과 생각과 목소리와 발을 움직였다고 한다. 학생들은 말과 행동으로 복음을 전했다. 그린은 캐나다의 브리티시콜럼비아와 미국의 워싱턴주에 있는 도시들에서 복음전도 사역을 조직했다. 영국의 세인트알데이트교회에서 학생들을 데리고 복음전도 사역을 나갔던 것처럼 그는 리젠트칼리지 학생들을 데리고 거리로 나갔다. 복음전도에 대한 그의 교실 강의는 지역 사회의 이웃들에게 복음 전하는 일을 실천하기 위한 전주곡이었다. 풀러신학교에서 복음전도학 강의를 하도록 초청받았을 때 그는 수업을 듣는 학생들에게 패서디나시티칼리지(Pasadena City College)에서 댄스와 드라마, 음악, 간증이 있는 야외 전도 모임을 가지도록 하기도 했다.

이와 같이 '현장 실습을 통해' 가르치는 것은 그의 생의 말년까지 계속되었다. 생전 마지막 10년 동안 그린은 유럽대학교복음전도자협회에서 핵심적인 역할을 수행했다. 이 네트워크를 통해 그는 자신이 보여 준 모델을 보고 배운 젊은 스태프와 학생들과 함께 유럽 전역을 여행하면서 대학 전도 모임에서 메시지를 전했다. 거의 언제나 메시지를 전할 뿐만 아니라 전도지를 나눠 주고 사람들과 만나 대화하기 위해 학생들과 함께 캠퍼스로 가는 그의 활력이 넘치는 열정을 보고 사람들은 감동을 받았다. 한 번은 친구인 린지 브라운(Lindsay Brown)에게 "나는 신발을 신은 채로 죽고 싶네!"라고 말했다고 한다. 그린은 자기 인생의 마지막 순간까지 젊은 세대들에게 바쳤다.

그린을 생각할 때면 나는 독일 할레에서 신학 교수로 일했던 아우구스트 헤르만 프랑케(August Hermann Francke, 1663-1727)가 떠오른다. 프랑케는 학생들을 술집과 댄스장, 매춘으로 유명한 글라우하우(Glaucha) 지역 인근으로 데리고 갔다. 학생들과 함께 길거리에서 만나는 사람들에게 복음을 전했고 술집과 지역의 아파트에서 성경 공부 모임을 가졌으며 이를 통해 영적으로 잃어버린 자였던 사람들이 회개하고 믿음을 가지게 되었다. 이와 마찬가지로 그린은 복음전도의 모델이 되어 주었고 학생들 안에 복음을 전하는 일에 대한 열심을 심어 주었다. 그들이 복음을 전하는 기술을 연마하는 일을 도왔다.

이 책에서 그린은 복음전도에 대한 열심으로 잘 알려져 있고 오늘날 우리에게 교훈을 주는 그리스도인들을 소개해 준다. 물론 어떤 전도 방법들은 오늘날에 그대로 사용하기 어려울 수 있다. 하지만 여전히 사용하기에 충분한 방법들도 있다(또 어떤 방법들은 완전히 피해야 하는 것일 수 있다). 교회사에서 선택한 복음전도자들은 거의 대부분 1세기의 복음전도자들과 마찬가지로 "말씀을 전하기" 위한 열심을 보여 주었다. 그린은 일부 복음전도자들이 자신의 문화적 상황에서 보여 주었던 창의성을 강조한다. 아일랜드의 사도라고 불리는 세인트 패트릭(Saint Patrick)의 경우, 오늘날에도 유명한 "믿음을 가지기 전에 먼저 소속되게 하기" 전략을 활용했다. 더욱이 패트릭은 우뇌의 직관, 감정, 상상의 기능들을 적절하게 활용하는 시와 노래, 예술, 자연을 사용하여 켈트족으로 하여금 귀 기울여 복음 이야기를 듣게 했다. 그린은 독자들이 이 전도 모델도 고려해 보도록 초청한다. 그리고 이것은 위에서 언급한 대로 그가 자신의 사역을 통해서 모델로 삼은 복음전도 방식이었다.

그린이 교회사에서 택한 복음전도자들에게도 연약한 부분들이 있었다는 점은 충분히 인정할 수 있다. 그들은 하나님이 사용하신 죄인이면서 의인인 사람들(sinner-saints)이었다. 그린도 그들의 실패와 연약함, 그리고 어떤 경우에는 그들이 오늘날의 감수성과 기준에서 보면 불의하다고 간주될 수 있는 부분들도 가지고 있었음을 분명 알고 있었다. 예기치 않게 그린은 이 책이 세상에 나오기 전에 하나님의 부르심을 받았다. 그린의 말들은 그의 원래 원고를 고치지 않고 그대로 보존했다.

그린은 복잡한 것을 잘 다듬어 이해하기 쉽게 만드는 은사를 가졌다. 이 책에서 그는 우리가 따라가고 이해하기 쉬운 방식으로 교회사 속의 복음전도자들에 관해 설명한다. 그는 평범한 그리스도인들이 자기 마음과 손과 목소리를 하나님께 드릴 때 어떻게 하나님이 그들을 복음의 전도자로 사용하셨는지를 보여 준다.

데이비드 구스타프슨(David M. Gustafson)

_미국 트리니티신학교 전도 및 선교사역 교수

프롤로그_

복음,
인생을 바꾸고 세상을 바꾸다

누구나 인생의 목표가 필요하다. 어젯밤에 나는 포도알처럼 생긴 제일 큰 구스베리를 재배하는 것이 인생의 목표인 어떤 사람에 대한 TV 프로그램을 시청했다. 지금까지 내 인생의 목표는 할 수 있는 최선을 다해 복음을 전하는 것이었다. 복음은 우리가 들을 수 있는 가장 좋은 소식이다. 살아 계신 하나님이 우리 중 하나가 되실 만큼 우리를 아끼시고, 엄청난 희생을 감수하시면서 이 세상의 악을 다루셨다. 우리를 새롭게 된 공동체의 일원이 되게 하고자 다시 살아나셨으며, 우리가 죽은 다음에 그분의 집을 함께 쓰도록 우리를 초청하신다는 소식이다. 이것이 성경의 메시지다. 정말 놀랍지 않은가!

나는 이 메시지를 다른 사람들에게 전하는 일을 인생의 큰 열정으로 삼았다. 이 일을 위해 사람들이 사는 모든 대륙을 누비며 복음을 전했고 (비록 매우 불완전하지만) 그 복음에 일치하는 삶을 살려고 애썼다. 그리고 설교와 개인적인 대화와 토론은 물론이고 라디오와 TV 방송과 책들도 복음전도를 위해 사용했다.

복음의 좋은 소식을 전하는 것에 대해서는 이미 상당히 폭넓게 저술한 바 있다. 《초대 교회의 복음전도》, 《현대전도학》, *Evangelism Now and Then*(복음전도의 어제와 오늘), *Sharing Your Faith with a Friend*(친구에게 복음을 소개하기), *When God Breaks In*(부흥), *Compelled by Joy*(전도의 기쁨) 등이다.

이번 책에서는 예수님의 복음전도부터 오늘날의 복음전도에 이르기까지 그 과정의 일부를 추적하고 가장 효과적으로 활동한 복음전도자들에 주목했다. 누구든 실제로 전도하지 않으면서 복음전도에 대한 책을 써서는 안 된다고 믿기에 마지막 장에는 나의 실제 경험의 일부를 자세히 소개했다. 불가피하게도 이 책의 내용 중에는 이전에 저술한 저서들에서 자료를 가져와 사용한 것들도 종종 포함되어 있다.

먼저 이 책을 통해 내가 의도하지 않는 것에 대해 분명히 밝힌다. 이 책은 간결하고 체계적인 복음전도의 역사를 소개하기 위한 것이 아니다. 이 책은 복음전도의 역사 전체를 다루기보다는 그중 일부를 선택적으로 다룬다. 포괄적인 연구서라기보다는 복음전도의 전통, 특히 영국에서 이뤄진 복음전도에 초점을 맞춘 책이다.

이 책을 통해 내가 무엇을 의도하는지에 대해서도 분명히 하고자 한다. 이 책은 독자들이 과거를 성찰하고 예수님의 복음을 들고 열정적으로 전도하기로 결심하게 되기를 바라는 마음에서 나누고 싶은, 복음전도라는 이 위대한 이야기에 대한 그저 한 사람의 관점일 따름이다.

PART 1

교회사 속
복음전도의 역사

최초의
복음전도자
_ 예수

예수님 자신이 하나님의 복음이다

예수님은 그 자신이 하나님의 복음이시다. 지난 2천년 동안 전 세계에 있는 교회가 이 점을 인정해 왔다. 따라서 예수님이 구현하신 복음을 단지 몇 마디 말로 요약하려는 어떤 시도도 예수님을 정당하게 대하는 것이 아니다. 이런 행동은 분명 적절치 못하다. 그럼에도 예수님의 사역과 삶, 죽음, 부활에는 두드러지게 드러나는, 예수님의 제자들이 본받을 패턴이 되는 몇 가지 중요한 요소들이 있다.

어떤 의미에서 예수님이 구현하고 선포하신 복음 곧 좋은 소식은 마치 갑자기 적이 쳐들어 온 것과 같이 모든 사람의 이목을 끌면서 세상에 등장했다. 마가는 예수님에 대해 소개할 때 이 점을 잘 간파하고 있다. "요한이 잡힌 후 예수께서 갈릴리에 오셔서 하나님의 복음을 전파하여 이르시되 때가 찼고 하나님의 나라가 가까이 왔으니 회개하고 복음을 믿으라 하시더라"(막 1:14-15).

여러 가지 이유로 이 복음은 사람들이 기대하지 않았던 방식으로 찾아왔다. 특히 당시 대부분의 유대인들은 이스라엘의 대적들, 곧 로마의 지배자들로부터 자신들을 힘으로 구원할 다윗 가문의 왕적 메시아에 대한 소망과 기대를 가지고 있었다. 그런데 예수님은 나사렛이라는 보잘것없는 동네의 비천한 노동자 계층 집안 출신이었고 군사적 행동을 할 어떤 의도도 없으셨다.

예수 복음을 위한 때가 차다

또 다른 의미에서 예수님이 구현하신 복음은 그 역사가 깊다. 복음은 성탄절에 시작된 것이 아니다. 그보다 2천년 앞서 하나님이 아브라함과 맺으신 은혜 언약과 아브라함의 자손을 통해 온 세계가 복을 받을 것이라는 약속에서 시작되었다. 아브라함의 자손인 유대인들은 세상에 복이 되는 그 사명을 감당하는 일에 거듭 실패했다. 하지만 드디어 그들 중 한 사람이 온 세계에 미치는 바로 그 복이 되셨고 전 세계의 3분의 1이 오늘날 그분을 따른다고 고백한다.

이스라엘의 역사 전체는 예수님 안에서 성취되었다. 예수님은 마지막 제사장이자 마지막 제물이셨다. 이스라엘에게 있어 너무나 중요했던 제사 제도는 이제 예수님에게 가려져 그 빛을 잃게 되었다. 예수님은 다윗의 자손이면서 또한 다윗의 주가 되신다. 예수님은 이사야가 말한 고난 받는 종이자 고난 받은 후에 하나님 우편에서 높임을 받는 영광의 인자시다(단 7:13). 말라기가 말한 것처럼(말 3:1) 이와 같은 이미지들을 통해 예수님을 위한 길이 준비되었다. 그리고 이 메시지는 가장 마지막 선지자이자 선지자들 중 가장 큰 자로서 구주께서 오신다고 선포한 세례 요한을 통해 강화되고 확증되었다.

더욱이 예수님이 오셔서 독보적인 메시지를 전하시기에 매우 적절한 세계 환경이 조성되었다. 세 가지 요인이 하나로 모아진 것인데 그 첫 번째 요인은 헬라어다. 알렉산더 대왕은 당시 알려진 세계의 대부분을 정복했다. 그가 가진 목표 중 하나는 헬라어를 통해 전 세계를 하나로 연결하는 것이었다. 그는 이 목표를 상당 부분 성취했다. 그리고 헬라인들은 위대한 철학자들의 저술을 통해 진리와 지혜에 대한 탐구를 세계에 보급했다. 기독교 신앙은 이 언어적, 지적 유산의 혜택을 엄청나게 누렸다.

두 번째 요인은 로마의 평화다. 약 1세기 동안 지속된 시민 전쟁이 끝났을 때는 알려진 세계 전부가 사실상 로마의 통치 아래 놓이게 되었다. B.C. 27년부터 로마는 황제가 다스렸다. 첫 번째 황제인 아우구스투스(Augustus)는 법치를 확립했으며 멋진 도로 시스템을 통해 통신이 원활하게 이루어지게 만들었다. 또한 해적을 소탕하여 상당히 안전한 해상 여행이 가능하게 했다.

세 번째 요인은 당연한 일이지만 백성에게 신실하고 의로우며, 사랑과 인자가 충만하고, 백성에게 거룩한 삶을 요구하시는 한 분 하나님에 대한 강력한 믿음을 가진 유대교 신앙이다. B.C. 8세기에 북이스라엘 백성이 포로로 잡혀간 이래 유대인들은 전

세계로 흩어졌고 또 번성했다. 이 때문에 그들의 신앙에 대해 대부분의 사람들이 아주 이상하게 여겼음에도 불구하고, 그 신앙은 너무나 잘 알려져 있었다. 따라서 유대교 신앙과 로마의 도로망과 정의 구현, 헬라 언어와 문화, 이 모든 것이 함께 어우러져 예수님이 가져오실 복음이 전파될 수 있도록 전무후무한 방식으로 세상을 준비시켰다.

그렇다면 예수님이 가져오시고 또한 친히 구현하신 복음의 핵심 요소들로는 어떤 것들이 있는가?

예수 복음전도 사역의 특징

첫 번째 특징은 예수님의 권위 있는 가르침이다. 예수님은 "가르치는 것이 권위 있는 자와 같고" 당시의 성직자라고 할 수 있는 "서기관들과 같지 않"으셨다(막 1:22). 서기관들은 자신들보다 먼저 있었던 권위자들의 말을 부지런히 인용했다. 그러나 예수님은 그렇게 하지 않으셨다. 예수님은 종종 "진실로 내가 너희에게 말하노니"라고 운을 떼시고, 사람들에게 자신의 메시지를 전하셨다. 이것은 그 이전에 있었던 어떤 선생들에게도 유례가 없는 화법이었다.

예수님 메시지의 핵심은 하나님 나라가 그들에게 임하였다는 것이다. 하나님 나라는 물리적 영역을 말하지 않는다. 이 단어는 다른 무엇보다 '왕적 통치'를 의미한다. 하나님이 이 세상에 개입하셔서 자신의 왕적 통치를 세우시는 때를 뜻한다. 이것은 예수님 당시의 최고의 화두였다. 유대인들은 누구나 하나님이 바로 그 일을 하시기를 간절히 고대하고 있었다. 문제는 그 일이 어떻게 성취될 것인지에 대해 사람들이 저마다 다른 생각을 가지고 있었다는 점이다.

사두개인들은 귀족 집단으로 로마의 지배자들과는 한통속이었다. 그들은 이렇게 함으로 결국에는 하나님 나라가 오게 될 것을 희망했다. 그들과 대척 관계에 있던 바리새인들은 만일 이스라엘이 하루라도 율법 전체를 지킬 수 있다면 이로써 하나님 나라가 오게 될 것이라 생각했다. 폭력 혁명에 전념하는 열심당원들은 어두운 밤에 침략자를 죽이고 결국은 로마의 대대적인 야만 행위를 통해 진압될 무장 봉기를 주기적으로 일으킴으로써 로마의 통치에 타격을 가했다.

다음으로, 쿰란의 사막의 도피처에는 맹약자들(Covenanters)이 있었다. 학자들이 이들을 이와 같이 부르는 것은 그들이 공동체 규율 혹은 언약에 따라 살았기 때문이다. 이들은 자기들끼리 모여 살았지만 하나님의 위대한 날이 마침내 오게 되면 싸울 각오가 되어 있었다. 따라서 당시는 유대인들 모두가 하나님 나라를 고대했지만 그 나라가 오게 되는 방법에 대해서는 서로가 다른 생각을 가지고 있던 그런 시대였다.

예수님은 "하나님의 나라가 가까이 왔다!"고 선언하심으로 바로 이 기대라는 부싯깃 통(tinderbox) 안에 불꽃을 던져 넣으셨다. 그리고 가르침을 통해 예수님은 하나님의 왕적 통치가 어떤 것인지를 보여 주셨으며 자신이 그 통치를 구현하고 또한 확장하고 계심을 매우 분명히 하셨다. 예수님은 남자나 여자나 누구든지 살면서 행한 악을 회개하고 자신을 따르라는, 율법이나 성전이 유대교의 핵심임에도 불구하고 그것들이 아니라 자신을 따르라는 독보적이면서도 사람들의 분노를 촉발하는 초청을 하셨다. 예수님은 그 메시지를 보다 선명하게 만드셨다. 왜냐하면 예수님 자체가 하나님 나라였기 때문이다. 자신에게 개인적으로 반응할 것을 도전하는 이 강력하고도 도발적인 가르침은 아마도 예수님이 하나님 나라를 가져오시고자 하는 방식에서 가장 독특하고 놀라운 요소일 것이다.

그런데 예수님의 선포는 예수님의 행위와도 잘 부합되었다. 이 점이 그분의 사역 초기부터 사람들을 깜짝 놀라게 만들었다. 가장 먼저 기록된 복음서인 마가복음 1장에 보면 예수님이 귀신을 쫓아내는 능력을 나타내시자 "〔사람들은〕 다 놀라 서로 물어 이르되 이는 어찜이냐 권위 있는 새 교훈이로다 더러운 귀신들에게 명한즉 순종하는도다"(막 1:27) 하고 말한다. 복음서들은 예수님이 귀신을 쫓아내신 능력을 강조한다. 복음서 저자들은 이것이 하나님의 왕적 통치와 사탄의 반동 세력 사이의 전쟁임을 인식하고 있기에 거듭하여 그렇게 말하기를 주저하지 않는다. 마가복음에 기록된 귀신들에 대한 기사나 마태복음과 누가복음에 나오는 사탄의 시험, 요한복음에 나오는 "이 세상의 임금"에 대한 말씀, 그 어느 것을 보든지 간에 복음의 선포에 악한 세력들이 자극을 받아 진노하고 자기 힘을 과시하지만, 겉보기와는 달리 이 세력들은 결국 승리하지 못한다는 것을 분명하게 알 수 있다.

말씀을 받아들이는 사람들에게는 놀라움과 기쁨이 되지만 유대 당국자들에게는 분노를 야기한 예수님의 또 다른 행위는 여러 가지 병을 안식일에 치유하신 것이었다. 예수님은 자기 백성이 나병이든, 시각 장애든, 지체 장애든, 청각 장애든 간에 그 병이 치유되기를 바라시는 하나님의 마음을 보여 주셨다. 그리고 바람을 잠잠케 하거나 떡 몇 덩이로 오천 명을 먹임으로 자연을 다스리는 하나님의 권능을 행사하신 경우들도 있었다. 예수님이 하나님의 왕적 통치를 선포하시고 그것을 시위하여 보여 주신 것은 의심의 여지가 없다. 그것이 바로 예수님의 복음이었다.

예수님과 복음전도 사역의 한 가지 놀라운 특징은 그 이전이나 이후에 있었던 어떤 위대한 지도자와 달리 예수님은 말씀하신대로 실천하셨다는 것이다. 소크라테스는 그렇게 하지 못했다. 무함마드도 분명 그렇게 하지 못했다. 오직 예수님만 단 한 번의 실패로도 얼룩지지 않은 완벽한 섬김의 리더십의 본을 보여 주셨다. 예수님은 "내가 너희에게 행한 것 같이 너희도 행하게 하려 하여 본을 보였노라"(요 13:15)고 말씀하셨다. 자신이 가르치는 것을 저버리는 삶을 사는 설교자의 말에는 아무도 귀 기울이지 않는다.

예수님의 주목할 만한 또 다른 특징은 불쌍히 여기는 마음이었다. 제자들이 스승을 과잉보호하려는 마음에서 아이들이 예수님께 오지 못하도록 쫓아 보내려 했을 때, 예수님은 아이들이 자기에게 오도록 하셨고 심지어 그중 한두 명은 무릎에 앉히셨다. 한 노년의 과부가 동전함에 자기 생활비 전부를 던져 넣는 것을 보시고 예수님은 그녀의 자기희생에 감탄하셨다. 한 무명의 여인이 식사 자리에 몰래 들어와서 죽음을 앞두신 예수께 향유를 부었을 때, 그녀가 행한 이 일이 온 천하에 알려지리라고 말씀하셨고 실제로 그렇게 되었다. 나사로의 무덤에서 마르다와 마리아가 슬퍼하는 것을 보셨을 때는 그들과 함께 우셨다. 여기서 보는 예수님은 대단한 능력을 가진, 강력하고 권위적인 설교자가 아니셨다. 예수님은 모든 사람을 불쌍히 여기고 사랑하는 분이셨다.

복음전도자로서 예수님의 또 다른 특징은 정의에 대해 뜨거운 관심을 가지고 계셨다는 점이다. 구약 전체를 통틀어, 특히 선지서들에는 하나님이 정의에 대해 특별한 관심이 있으시며 가난한 자와 궁핍한 자들을 위해 그 능력을 행하신다는 사실이 강조된다. 우리는 예수님의 태도에서도 정의에 대한 똑같은 관심을 볼 수 있다.

예수님은 "과부의 가산을 삼키는" 타락한 지도자들에 대해 분노하셨으며 마태복음의 아주 인상적인 본문에서 (혹은 그 병행 본문에서) 바리새인들과 서기관들을 향해 신랄한 비난을 쏟아 내셨다(마 23:13-38). 이 본문을 읽어 보라. 그리고 정의를 위한 일에 마음을 쏟는 사람 중에 누가 자기 시대의 학대와 불의에 대해 그렇게 강하고 직설적으로 감히 말한 적이 있는지 물어보라. 정의에 대한 열정이 현대의 모든 복음전도자를 규정하는 특징이 되지 못한다는 것은 슬픈 일이다.

예수님이 복음전도 사역을 하시는 방식 중에서 내가 놀랍게 생각하는 한 가지 중요한 사실이 있다. 예수님이 팀을 훈련시키는 일에 우선순위를 두셨다는 점이다. 예수님은 구약의 선지자들처럼 혼자 일하는 분이 아니셨다. 예수님은 열두 명의 지극히 평범한 사람들을 불러 모으시고 그들을 새로운 하나님 나라의 대표자들로 택하셨다. 예수님은 이들을 어디든지 데리고 다니시면서 랍비 학교 같은 대학이 아니라 현장에서 훈련하셨다. 예수님은 그들을 사랑하셨고 그들에게 자신을 쏟으셨다. 그들은 자주 예수님의 말씀을 이해하지 못했으며 고집불통이었다. 하지만 예수님은 그들을 포기하지 않으셨다. 그 결과 공생애 기간이 지난 후 복음을 가지고 나가 전할 멋진 팀이 준비되었다.

마지막으로, 예수님은 그 자신의 행위로 인류가 생명을 얻게 하기 위해 자신을 희생제물로 바치셨다. 예수님은 복음을 단지 선포만 하신 것이 아니었다. 복음의 삶을 사셨고 복음을 위해 죽으셨다. 예수님의 자발적이고 희생적인 죽음은 그 인생의 절정이었다. 그러나 그 죽음이 예수님 이야기의 마지막은 아니었다. 예수님은 다시 살아나셨다! 처음 사도로 세운 이들에게 권능을 주셔서 그들이 열방을 향해 복음 사역을 감당하게 하셨다.

이것이 예수님이 어떻게 하나님 나라의 복음을 전하셨는지를 살펴보는 한 가지 방식이다. 그 외에도 또 한 가지 다른 방식이 있는데 그것은 예수님이 무엇을 하셨는가보다 예수님은 누구신가를 살펴보는 방식이다.

예수님의 복음전도법

먼저, 예수님의 확신을 주목하게 된다. 예수님은 하나님이 '아빠' 곧 사랑하는 아버지이심을 아셨다. 자신이 누구인지에 대한 확신이 없다면 당신은 복음을 전할 수 없다. 그런 확신이 없다면 당신은 언제나 다른 사람들이 당신에 대해 뭐라고 생각하는지를 신경 쓰게 된다.

둘째, 예수님은 비전가셨다. 칼 마르크스는 자신의 공산주의 선언을 다음과 같은 말로 마무리했다. "당신에게는 이겨야 할 세상이 있다." 이것이 바로 예수님의 비전이었다. 분명한 목표가 없다면 복음을 효과적으로 전달하는 데 결코 성공하지 못할 것이다.

셋째, 예수님은 영적 전쟁의 성격을 너무나 잘 알고 계셨다. 예수님이 싸우는 대상은 단순히 자신을 적대시하는 종교 지도자들이 아니라 그들 배후에서 역사하는 적대적인 영적 세력들이었다. 아프리카와 아시아의 복음전도자들은 항상 이를 잘 알고 있다. 서구에 있는 우리는 자주 영적 전쟁에 눈이 가려져 있다. 그래서 결과적으로 시작도 하기 전에 패배하기 때문에 효과적으로 복음을 전하지 못하는 것이다.

넷째, 예수님은 대중과 함께 많이 어울리셨다. 예수님은 책과 대학교 안에 숨어 계신 분이 아니라 언덕과 거리와 성전에서 자주 만나게 되는 친숙한 분이셨다. 예수님이 사람들 앞에서 행하신 자비와 관용의 행위들은 하나님 나라의 핵심이었다.

다섯째, 예수님은 선포하실 때 겁내지 않으셨다. 예수님의 명료함과 예수님의 말씀이 불러일으키는 관심과 사로잡는 힘, 사용하시는 기가 막힌 예화들, 깊이와 단순함의 조화, 사람들이 머무는 현장에서 그들을 만나고 그 지점에서 하나님에 대해 이야기하기 시작하시는 것, 예수님의 유연성, 예수님의 결단에 대한 도전 등을 주목해 보라. 이 모두가 복음전도자들이 본받을 멋진 특징들이다.

여섯째, 예수님은 의도를 가지고 개인적인 대화를 나누셨다. 우물가에서 만난 여인이나 니고데모나 삭개오나 젊은 관원을 떠올려 보라. 복음을 전하는 가장 좋은 방법은 복음을 알고 사랑하는 사람이 그렇지 못한 사람과 함께 시간을 보내고 이야기를 나누는 것이다.

일곱째, 예수님은 다른 사람들을 훈련시키셨다. 예수님은 팀 사역의 효과를 믿으셨다. 홀로 일하시기보다 하나님과 사람들을 사랑하고 기꺼이 배우기를 원하는 사람들을 팀으로 택하여 훈련하고 돌보셨다.

여덟째, 예수님은 사람들과 토론할 준비가 되어 있었다. 복음서는 예수님께서 종교적인 사람들과 세속적인 사람들, 적대적인 사람들, 가난한 사람들, 높은 지위의 사람들과 토론하는 이야기들로 가득 차 있다. 예수님의 성경 지식과 사람들에 대한 이해, 예수님이 질문과 재담을 멋지게 사용하시는 것에 대해 그의 대적자들은 종종 불편해했지만 사람들은 즐거워했다. 복음전도자들은 공적인 장소에서 믿음에 대해 기꺼이 토론할 각오를 가져야 하며 실제로 언제든 토론할 준비가 돼 있어야 한다.

아홉째, 예수님에게는 영적 권세가 있었다. 위에서 보았듯이, 예수님의 놀라운 권능은 지울 수 없는 인상을 남겼다. "내가 만일 하나님의 손을 힘입어 귀신을 쫓아낸다면 하나님의 나라가 이미 너희에게 임하였느니라"(눅 11:20). 오늘날 복음전도자들은 영적 권능에 대한 예수님의 말씀을 마음에 새겨야 한다. 우리는 오순절교회로부터는 귀신을 내쫓고 확신에 찬 치유 기도를 하는 것에 대해 배울 필요가 있다. 그리고 가톨릭교회로부터는 말로 형언할 수 없는 경지에 이르는 단순한 예배가 가진 힘에 대해 배울 필요가 있다.

마지막으로, 예수님은 자기 삶의 강력한 동기를 가지고 계셨다. 이것은 오늘날에도 여전히 중요하다. 진정한 복음전도는 모두 동기부여에서 나온다. "해야 한다"라는 이 작은 한마디 말을 예수님이 어떻게 자기 인생의 지배 원리로 삼으셨는지를 주목해 보라. "때가 아직 낮이매 나를 보내신 이의 일을 우리가 하여야 하리라", "이 우리에 들지 아니한 다른 양들이 내게 있어 내가 인도하여야 할 터이니", "복음이 먼저 만국에 전파되어야 할 것이니라", "인자가 많은 고난을 받고 … 죽임을 당하고 제삼일에 살아나야 하리라"(요 9:4; 10:16; 마 28:19-20; 눅 9:22). 예수님은 모든 것을 이 "해야 한다"에 따라 사셨다. 하지만 예수님의 사역은 의무감에서 생겨난 것이 아니라 아버지의 뜻을 행하고자 하는 열심에서 나왔다. 이보다 더 지고한 동기부여는 없다.

2
1세기 그리스도인들의
복음전도
_ 사도들

살아 있고 불타오르는 신앙, 그리고 팽창해 가는 공동체

초기 그리스도인들의 복음전도 사역에 대해 50년 이상 성찰해 본 결과 다음의 네 가지 요소로 그 특징을 정리해 볼 수 있었다.

첫째로, 하나님 나라를 선포하고 구현하신 예수님은 동시에 그 선포의 대상이 되신다. 다시 말해 설교자가 메시지가 되는 것이다. 예수님은 하나님 나라가 도래했음을 선포하셨다. 그리고 그분의 제자들은 하나님 나라보다 그 나라의 왕에 대해 더 할 이야기가 많았다. 이것은 놀라운 일이다.

그들이 전한 메시지의 핵심은 우리가 소크라테스와 플라톤에게서 보는 그런 도덕 체계가 아니었으며 불교에서 보는 그런 종교적인 프로그램도 아니었다. 그들 메시지의 핵심은, 세상에 하나님의 왕적 통치를 독특한 방식으로 가져오셨으며 언젠가 모든 역사의 마지막에 그 통치를 완성하실 것이라고 믿는 한 분 예수님을 부끄러움 없이 강조하여 선포하는 것이었다. 제자들은 예수님께 초점을 맞춘 메시지를 가지고 고대 세계 전역에서 폭발적으로 퍼져 나갔다. 예수님은 자신의 죽음을 통해 인간의 수치와 죄책의 문제를 해결하셨고, 많은 증인이 증언하는 영광스러운 부활을 통해 첫 사람 아담이 죽은 이래로 잠겨 있었던 무덤

문을 여셨으며, 그들이 말하는 대로 "생명과 썩지 아니할 것을 드러내"셨다(딤후 1:10).

우리가 발견하게 되는 두 번째 특징은 이 남녀 제자들의 변화다. 그들은 예수님이 체포되셨을 때 목숨이 두려워 도망갔었다. 예수님이 비참하고 치욕스럽게 십자가에 달려 죽으신 후에는 더욱 두려움에 떨었을 것이다. 하지만 사실은 여기에서 끝나지 않는다. 변화된 제자들은 거의 모든 공적인 장소에 서서 하나님이 예수님의 삶과 죽음과 부활을 통해 인간을 구원하셨다는 복음을 선포할 준비를 마쳤다. 제자들은 지도자들인 산헤드린을 상대로 그들이 예수님을 잘못 정죄한 것이며 예수님이 부활하심으로써 하나님이 그들의 잘못된 판단을 바로잡으셨다고 말할 준비가 되어 있었다. 그들은 반대와 투옥과 박해를 당하며 사역하다가 죽을 준비가 되어 있었다. 이것은 예수님이 십자가에 처형되신 후 다락방에 움츠려 있던 열한 제자들의 변화된 모습이다.

내가 가장 충격적으로 생각하는 세 번째 특징은, 제자들이 사람들에게 전적이고 배타적인 충성을 다할 대상을 바꿀 것을 요구했다는 점이다. 이제 사람들은 회개하고서 온 세상의 주시며 십자가에 죽고 부활하신 메시아만을 예배하고 순종해야 한다. 이것은 고대 사회에서 들어본 적이 없는 일이었다. 보통의 헬라인들은 온갖 신들을 기쁘게 예배했을 것이다. 제의 의식을 행하는 한, 그들은 믿음을 그렇게 중요하게 여기지 않았다. 그들은 종교가 윤리와 상관된다고 생각하지 않았다. 그리고 그들은 분명 그리스도인들이 그 일원이 되는 사람들에게 배타적으로 요구하는 일들을 매우 이상하게 여겼을 것이다.

그 공동체의 일원이 되면 몸과 영혼 모두가 그들의 주(헬라어로 despotēs)라고 불리는 예수, 하나님에게서 멀어져 있던 그들을 구속해 그분의 나라에 속하게 만들었다고 하는 이 예수에게 온전히 소속된다고 하였으니 말이다! 따라서 이방인들로서는 이것은 새로운 믿음으로 개종하는 것을 의미했다. 유대인들로서는 자신들이 배워 왔던 그 믿음 안에서의 회심을 의미했다. 이제 그들은 예수님을 그 정점이자 목표라고 믿어야 했다. 하지만 우리가 아래서 살펴보겠지만, 이것은 이방인과 유대인 모두 받아들이기 매우 어려운 일이었다. 유대인과 이방인 모두에게 이와 같은 회심(혹은 개종)은 엄청난 걸림돌이었다.

신약성경을 간단히 살펴봐도 두드러져 보이는 네 번째 특징은 이 훈련받지 않은 평신도 복음전도자들이 가진 깜짝 놀랄만한 능력과 용기다. 사람들은 그들을 체포하고 그들이 복음 전하는 일을 금했다. 하지만 전도자들은 풀려나면 이전보다 복음을 훨씬 더 열정적으로 전했다. 사람들은 그들을 감옥에 던져 넣을 수 있었다. 하지만 전도자들은 때로 간수도 개종시켰다. 사람들은 그들의 지도자들을 죽일 수 있었지만 또 다른 사람들이 계속해서 지도자로 세워졌다. 그들의 열정뿐만 아니라 그들의 이동성 역시 주목할 만하다. 복음전도자들은 로마의 도로 체계와 선박을 탁월하게 이용하면서 수리아와 소아시아, 이집트, 심지어 로마까지 들어갔으며 가는 곳마다 믿는 자들의 작은 공동체들을 세웠다.

그들의 메시지와 복음을 전하는 개인적인 대화들은 그 효과가 엄청났다. 이 운동은 들불처럼 번져갔다. 한 세대 만에 제국의 모든 주요 도시에서 이 운동을 볼 수 있었다. 어떤 심사숙고를 통해 짜낸 전략 때문이 아니었다. 그들은 예수 안에서 역사하셨고 지금은 그 제자들을 통해 계속해서 일하시는 하나님의 성령으로 이와 같은 결실을 맺었다고 말할 것이다. 예수님은 제자들이 메시지를 전 세계에 전할 수 있게 성령과 권능을 받을 것이라고 약속하셨고 그 일이 성취되었다.

하나님의 성령은 다양한 방식으로 자신을 나타내셨다. 성령은 그들을 담대하게 하셨다(행 4:31). 그들의 복음전도에 능력을 부어 주셨다(살전 1:5). 예수님을 통해 하신 것처럼 성령은 그들을 통해 표적과 기사를 행하셨다(행 8:6-8; 11:27-28; 14:10). 그들 중에서 선교사들과 복음전도자들을 불러 세우셨다(행 11:1-3; 엡 4:11). 성령의 권능 있는 은사들을 제자들에게 주셨다 (고전 12-14). 그리고 성령은 그들이 사명을 감당할 때 그들을 인도하셨다. 사도행전 16장 6-10절은 이와 같은 인도하심을 보여 주는 아주 멋진 예다. 이 새로운 운동은 절대 꺼지지 않는 들불과 같았다. 그리고 이 놀라운 복음 전파 운동은 전도자들의 능력 때문이 아니라 하나님의 성령의 능력으로 말미암은 것임을 스스로가 분명하게 천명했다.

이방인들의 반대

하나님 말고는 아무런 내세울 만한 자격 조건도 갖추지 못했던 복음전도자들의 대담하고 혁명적인 선포가 다양한 배경의 사람들에게서 엄청난 반대를 불러일으킨 것은 그리 놀랄 일이 아니다. 세련된 헬라인들은 그들의 메시지를 향해 조롱을 쏟아냈다. 사도 바울은 복음이 헬라인들에게는 어리석은 일로 여겨질 수 있다는 점을 인정했다. 아레오바고에 있던 많은 사람이 바울이 거기서 한 연설에 대해 퍼부은 조롱이 이 점을 잘 보여 준다.

로마의 팰러타인 언덕(Palatine Hill)에 있는 궁전에서, 꽤 나중 연대인 것으로 보이기는 하지만 이러한 조롱이 사실이었음을 보여 주는 작은 인상적인 낙서가 발견되었다. 한 소년이 십자가에 달려 있는 당나귀 머리를 가진 사람 앞에 서서 손을 높이 들고 예배하는 그림이다. 그 밑에는 "알렉사메노가 자기 신을 예배한다"라고 손으로 갈겨 쓰여 있다. 바로 그 밑에 다른 필체로 된 또 다른 비문이 있는데 거기에는 "알렉사메노스는 신실하다"라고 쓰여 있다. 이것은 로마 제국의 시종 소년들조차 느낄 수 있었던 이 새로운 신앙에 대한 조롱과 그 조롱에 대한 그리스도인들의 생생한 반응을 표현해 주고 있다. 헬라인들은 일반적인 잠언들과 진리에 지혜가 있다고 믿었다. 반면 그리스도인들은 궁극적인 진리는 한 가지 특별한 사건, 그것도 아주 끔찍한 사건에서 찾을 수 있다고 믿었다. 반대가 일어난 것은 당연하다.

아테네의 평범한 이교도들은 예수님과 그의 부활에 대한 설교를 들으면서 예수와 아나스타시스(Anastasis; 헬라어로 '부활'에 해당되는 말), 두 신에 대한 것이라고 생각했다. 그들은 복음을 흥미롭게 생각했다. 숲 바로 바깥에 있는 마을인 루스드라에서 그들은 처음에는 바울과 바나바를 자기들의 신화 속에서 그들의 마을을 방문했던 제우스와 헤르메스로 추앙했다. 지역 사람들은 황소와 화환들을 가져왔다. 물론 사도들은 그것들을 받지 않았다. 그러나 우상 숭배적인 문화에서 그들의 메시지는 종종 지역 신들에 대한 모욕으로 간주되었으며 강한 적대적 반응을 야기했다. 아데미 여신을 위한 은신전 제작자들이 그리스도인들에 대한 분노를 부추겼을 때 에베소에 있는 큰 극장에서 일어난 소요가 그 한 예다. 그때 바울은 간신히 피하여 목숨을 건질 수 있었다. 초기 그리스도인들에게 적대적인 반응을 받는 것은 환영을 받는 것보다 훨씬 더 흔하게 경험하는 일이었다!

유대인들의 반대

유대인들의 반대도 있었다. 일련의 역사적 사건들 때문에 유대교는 법적 지위를 보장받게 되었다. 그리고 실패한 메시아를 예배하는 이 사람들도 유대교 아래서 은신처를 찾고자 했다! 앞서 보았듯이, 유대교는 로마의 지배자들을 몰아내고 정복할 군사적 지도자를 기대했다. 하지만 예수님은 그런 일을 하지 못하셨을 뿐 아니라 십자가에 달려 죽으셨다. 구약성경에 따르면 이것은 그가 하나님의 저주 아래 있음을 보여 주는 일이었다. 이 그리스도인들은 유대교에서 중요한 할례와 율법과 성전을 존중하지 않는 이단이었다. 그들이 폭력을 동원하여 그리스도인들을 박해한 것은 이상한 일이 아니다. 사도행전에 등장하는 비시디아 안디옥과 이고니움과 루스드라는 이 열심 있는 유대인들과 그리스도인들에 대한 증오와 박해의 예들을 보여 준다.

로마의 반대

그러나 이 새로운 신앙에 대한 가장 심각한 반대는 세계 최강대국인 로마로부터 왔다. 그리스도인들은 처음에는 단지 유대교 여러 종파 중 하나로 간주되었으며 이 때문에 법적인 보호를 받았다. 사도행전에 보면 이와 같이 보호받는 일이 반복적으로 일어나는데 빌립보와 고린도의 경우는 특히 주목할 만하다. 하지만 베드로전서가 기록될 즈음에는 두 종류의 반대가 나타나는 것을 볼 수 있다. 하나는 베드로전서 3장이 분명하게 보여 주는 것처럼 사회적인 반대다. 그리스도인들은 반사회적인(antisocial) 사람들로 간주되었다. 그들은 아마도 그리스도의 몸과 피를 먹고 마시는 의식 때문에 인육을 먹는다는 비방을 당하고 있었을 것이다.

그러나 베드로전서 4장 12절부터는 상황이 더 악화된다. 본문에서는 베드로가 로마에서 격렬하게 일어나는 의도적 박해에 대해 막 소식을 전해 들었음을 알 수 있다. 네로 황제는 A. D. 64년에 도시의 광대한 지역을 파괴한 로마 대화재가 자신이 꾸민 일이라는 소문으로부터 사람들의 관심을 다른 데로 돌리려고 했다. 그는 어쩌면 자기 정원을 위해 더 많은 공간을 원했던 것일지도 모른다. 아무튼 네로는 희생양이 필요했고 앞서 말한 이유들로 반대를 받고 있던 그리스도인들을 그 희생양으로 삼기로 했다. 제국 초기의 위대한 역사가인 타키투스는 단 한순간도 그리스도인들이 화재를 일으킨 범인이라고 믿지 않는다. 하지만 그는 그리스도인들이 로마 당국에게 당한 끔찍한 고난에 대해 기록으로 남겼다.

이 박해가 그때까지는 로마시에 국한된 것으로 보이지만,

박해가 더 넓은 지역으로 확대될 가능성은 언제든지 열려 있었다. 속주의 총독들은 원한다면 로마시에서의 판례를 사용하여 로마의 집단 학살을 하나의 선례로 고려할 수 있었다. 물론 원하지 않는다면 그 판례를 무시할 수도 있었다. 이 때문에 기독교 첫 두 세기 동안에는 박해가 산발적이고 불규칙한 패턴을 따라 진행되었다. 그런데 이제 그리스도인들은 더욱 의심을 받는 처지가 되었다. 그들은 로마의 신들 이름으로 맹세하지 않았으며 자신들의 주(Lord)는 가이사가 아니라 그리스도라고 주장했다.

이것 때문에 박해와 순교가 나타나게 되는데, 1세기에는 바울과 같은 개인이, 2세기 초에는 트라얀 황제 치하에서 심문받았던 사람들이, 그 후 몇 년 뒤에는 폴리캅 주교 같은 사람들이 박해와 순교를 당하게 되었다. 하지만 이후로도 스킬리움의 순교자들(Scillitan martyrs), 또 4세기 초에 (스윈번〔Swinburne〕이 나중에 표현한 대로) "야윈 갈릴리인"(pale Galilean)을 세상에서 없애라는 디오클레티안(Diocletian)의 마지막 명령과 같은 잔혹한 박해가 일어나기도 했다. 기독교 초창기에 그리스도인이 되는 것은 결코 쉬운 일이 아니었다. 이것은 오늘날 많은 지역에서도 마찬가지다.

A.D. 312년에 콘스탄티누스가 즉위하기까지 악화일로를 걷던 기독교 복음은 어떤 매력을 가졌기에 이러한 심한 박해들에도 불구하고 세계 전체에 그 뿌리를 내리게 된 것일까?

복음이 가진 매력들

신약성경을 보면 복음은 유대교 회당의 이방인 신자들 사이에서 가장 큰 성공을 거두었다. 이들은 유대인들의 고상한 유일신 신앙에 이미 매료되어 있던 사람들이다. 유일신 신앙은 신들 간의 끝없는 싸움과 질투와 애정 행각을 이야기하는 당대의 다신교보다 훨씬 더 타당해 보였다. 하지만 이들은 유대교로 개종할 의향은 없었다. 그렇게 하면 남자들은 누구나 할례를 받아야 하고 복잡한 제사 제도를 지켜야 하며 예루살렘에 가서 예배도 드려야 했기 때문이다. 따라서 복음이 유대인들과 이방인들 사이를 막고 있던 장벽을 허물어 버리고(모두가 죄인이고 모두가 하나님의 은혜가 필요한 사람들이다) 성전 예배와 할례, 경멸받는 속국 민족에 가입하는 일이 필요 없다고 선언했을 때 그들은 이러한 복음의 첫 번째 매력에 완전히 매료되었던 것이다.

서로 연결된 두 가지 요인이 복음을 매력적으로 만들었는데, 하나는 많은 노예 인구와 외로운 사람들과 상처받은 사람들이 정치적, 사회적 현실에 대해 점점 더 느끼는 환멸감이었다. 아무리 제사를 드려도 환멸감을 지울 수 없었다. 제국 초기에는, 로마 시인 호라티우스(Horatius)와 베르길리우스(Vergilius)의 시에서 볼 수 있듯이, 한 세기 동안의 시민전쟁이 끝난 것에 대해 사람들은 큰 안도감을 느꼈다. 아우구스투스는 "세상의 구세주"로

칭송을 받았고 그가 발행한 동전에는 "신의 아들이요 신성한 시이저"라는 문구가 새겨졌다. 하지만 타키투스가 기록한 《역사》(Histories)의 서두가 보여 주는 것과 같이, 이 미사여구는 곧 빛이 바랬다. 스토아 철학자인 에픽테토스(Epictetus)는 "시이저는 전쟁을 끝냄으로 평화를 줄 수 있지만 슬픔을 없애고 평화를 주지는 못한다"고 일갈했다. 로마는 더러웠고 사람도 너무 많았다. 도덕적 타락은 가속화되고 있었다. 1세기 대부분의 사람들에게 인생은, 토마스 홉스(Thomas Hobbes)가 나중에 표현하는 것처럼, "끔찍하고, 잔인하고, 짧았다."

　복음을 매력적으로 만드는 또 다른 요인은 불멸에 대한 갈망이었다. 고대 신비 종교들은 로마 사회에 광범위하게 퍼져 있는 허기를 채우려고 했다. 이들은 비밀 집단으로서 로마 전통 종교의 쇠퇴로 생긴 공백을 메우고 그 숭배자들에게 구원의 희망을 제시했다. 숭배자들은 신성한 의식을 정확하게 시행할 때 "영생을 위해 다시 태어나는"(renatus in aeternum) 것으로 간주되었다. 이 종교들은 원래 동양에서 유래한 것으로 그 역사가 오랜 다산 의식과 자연 숭배에서 발전한 것이다. 숭배자는 지금 자신의 생명이 풍성해지고 사후에도 생명을 확실히 보장받고자 신의 도움을 얻으려 했다. 하지만 이 신비 종교들은 가입하는 데 비용이 많이 들었으며 비이성적이고 비도덕적이었다. 그 누구도 미트라교에서 황소를 죽이는 일이나 오르페우스 종교에서 바카스를 예배하는 광란 의식이 어떻게 사람을 구원하는지를 보여 주려 하지 않았다. 아무도 숭배자가 그 결과로 더 나은 삶을 살 것이라 기대하지 않았다.

여기서 복음의 두 번째 매력을 찾아볼 수 있다. 기독교 복음은 훨씬 더 매력이 있었다. 그리스도인들은 어떻게 하나님이시면서 동시에 인간인 예수님이 십자가에 죽으심으로써 죄 용서가 가능했는지를 설명할 수 있었다. 이들은 역사적으로 증명된 부활에 근거하여 사람들의 불멸에 대한 굶주림을 충족시킬 수 있었다. 새로운 삶은 새로운 생활 방식을 요구했다. 하지만 개종자들 혹은 회심자들에게는 그들을 도울 성령이 계셨다. 그리고 이들은 어떤 면에서 신비 종교와 같이 굳게 결속된 공동체의 일원으로 받아들여졌다. 이 공동체에는 거룩한 세족식과 거룩한 식사가 있었으며 거기서는 모든 구성원이 평등했다. 하지만 신비 종교들과는 달리 복음 공동체는 모두에게 열려 있었다. 유대인과 헬라인 사이, 원로원과 시민과 노예 사이, 야만인과 문명인 사이의 오랜 구분들은 철폐되었다. 복음이 계속해서 퍼져 나간 것은 이상한 일이 아니다. 일부 세련된 계층 사람들도 기독교에 매료되었다. 여기에는 몇 가지 이유가 있었다. 먼저 플라톤과 아리스토텔레스의 영향으로 지식인들 사이에 나타났던 유일신 신앙으로 옮겨 가는 추세를 들 수 있다. 다음으로는 기독교에 윤리와 종교적 헌신이 결합되어 있었다는 점이다.

셋째로 복음의 매력은 그리스도인들이 가진 영적 능력에 있었다. 바울과 바나바가 구브로 총독에게 준 영향을 주목해 보라(행 13:4-12). 하지만 아마도 철학이 가져온 결과에 대한 불만족이 가장 큰 원동력이었을 것이다. 세네카는 1세기 최고의 철학자들인 스토아 철학자들에게서도 발견되는 '허기'에 대한 통찰을 제공한다. 먼저, 그는 철학이 치유할 수 없는 악의 힘에 대해 점차 더 많이 인식하게 되었다. "악은 우리 안에, 우리 내면 깊숙이 자리를 잡고 있다"(*Epistles* 57). 다음으로, 그의 철학은 불멸에 대한 여지를 남기지 않았다. 그래서 생애 말년에 그는 친구 루킬리우스(Lucilius)에게 이렇게 썼다. "영혼의 불멸에 대해 연구하는 것은, 아니 그것을 믿기로 한 것은 내게 기쁨이 되었다. 나는 그 위대한 소망에 마침내 항복했다. 나 자신에게 염증이 나기 시작했고 망가진 삶의 조각들에 대한 경멸감이 들기 시작했다"(*Epistles* 102). 아마도 세련된 철학자도 단순 무식한 신비 종교 신봉자들과 크게 다르지 않았던 것 같다. 둘 다 현세와 내세에서의 구원을 찾고 있었던 것이다.

사도들과 초기 신자들은 모두가 당연히 유대교에서 회심한 사람들이었다. 하지만 복음은 유대인들에게 큰 영향을 주었지만 압도적인 영향을 미치지는 못했다. 그럼에도 복음은 유대인들에게 큰 매력이 있었다. 복음은 유대교에 만연해 있던 종파적 분열을 없애 버렸다. "어떻게 인간이 하나님과 올바른 관계를 가질

수 있는가?"라는 오랫동안 씨름해 온 질문에 대해 복음은, 아무
도 하나님의 완전함에 이를 수 없지만 하박국 선지자의 소망이
드디어 이루어졌음을 알려 주었다. 다시 말해 그리스도가 우리
를 위해 하신 일들을 믿음으로 인간이 의롭다 함을 받을 수 있다
고 해답을 제시했다.

　인간은 그리스도의 십자가를 통해 하나님과 올바른 관계를
가질 수 있다. 이것은 유대교 제사들을 통해서는 불가능한 일이
었지만 사도 바울의 복음전도에서는 핵심적인 것이었다. 더욱이
바울과 베드로가 강조했듯이, 고난 받는 종에 대한 이사야의 예
언이 예수님을 통해 성취되었다. 예수님 말고 고난 받는 종으로
간주할 만한 다른 후보는 전혀 없었다! 그리고 히브리서에서 우
리는, 예수님이 제사 제도를 폐하는 완전한 희생 제물이시며 하
나님과 인간을 화해케 할 수 있는 유일한 능력을 가진 완전한 대
제사장이시라는 메시지가 유대인들의 성경 그 자체를 통해 지
적인 방식으로 주장되고 뒷받침될 수 있음을 볼 수 있다. 이것은
생각하기를 좋아하는 유대인들에게는 정말 좋은 소식이었다.

　이상이 복음이 강렬한 반대를 불러 일으켰음에도 불구하고
그와 같이 엄청나고도 즉각적인 영향을 미칠 수 있었던 몇 가지
이유들이다.

복음전도의 여러 방법

초기 그리스도인들은 복음의 메시지를 전파하기 위해 어떤 방법들을 사용했는가? 우리는 자연스럽게 대중 설교를 생각하게 된다. 우리는 많은 사람이 모인 공적인 장소에서 복음을 선포를 하는 모습을 사도행전 초반부의 모든 장면에서, 특히 오순절 절기에 대한 이야기에서 찾아볼 수 있다. 하지만 놀랍게도 이와 같이 공적인 장소에서 이루어진 설교는 복음이 확산되는 데는 별 역할을 하지 못한 것 같다. 로마 당국은 정치적인 성격으로 발전할 수 있는 대규모 모임에 대해 매우 예민했다. 그리고 오순절 절기 때 두드러졌던 공적인 설교 방식은 2세기 말에 이르기까지 그렇게 많이 발견되지 않는다. 사마리아에서의 설교와 치유, 귀신 내쫓음에 힘입은 대부흥에 빌립이 연관되어 있어 보인다고 주장할 수도 있겠지만, 사마리아는 유대처럼 로마의 직접 통치를 받지는 않았다. 그리스도인들은 보다 작은 모임들에서, 처음에는 회당에서 담대하게 선포하는 것을 통해 공적 장소에서 선포하는 방식을 보완했다. 바울은 언제나 유대인들에게 먼저 가서 전하고 그 다음에 이방인에게 전하는 것을 원칙으로 삼았다. 사도행전은 이러한 선포에 대한 기록들로 가득 차 있다.

선교학자인 롤랜드 알렌(Roland Allen)은 바울의 이 회당 설교의 특징을 다음과 같이 네 가지로 정리하여 소개한다. 첫째, 바울은 청중의 감수성을 배려함으로써 호의적인 반응을 얻고자 했다. 둘째, 그는 용기를 내어 청중이 듣기 싫어할 진실들에 대해 이야기했다. 셋째, 그는 자신의 청중을, 특히 그들의 지적 능력과 영적 필요를 존중했다. 넷째, 바울에게는 복음의 메시지가 진리이며 그 메시지에 능력이 있다는 확신이 있었고, 듣는 이들로 그 메시지를 반드시 믿게 하겠다는 단호한 의지가 있었다.

비록 대규모 공적인 모임은 위험했음에도 불구하고 초기 그리스도인들은 공적 선포 방식을 가능한 한 많이 사용했다. 아레오바고에서와 벨릭스와 아그립바 앞에서, 그리고 로마에서 복음을 전한 바울을 생각해 보라(행 17, 26, 28장). 더욱이 따뜻한 중동 기후 특성 때문에 이와 같이 복음을 공적으로 선포하는 일은 대부분 야외에서 이루어졌다. 이는 특별히 초기 그리스도인들이 건물을 소유하고 있지 않았기 때문이다. 물론 그들은 때때로 적절한 건물을 사용하거나 빌릴 수 있었다. 그리고 바울의 경우 에베소의 두란노서원에서 사역할 때 이 시설을 멋지게 그리고 장기간 사용했다는 기록도 있다. 하지만 많은 경우 공적 선포는 야외에서 이루어졌다. 사도행전은 예루살렘과 사마리아와 루스드라와 아덴에서 이와 같은 방식의 복음전도가 있었다고 기록한다. 공적 선포 방식은, 우리가 다음 장에서 보겠지만 이후 수 세기 동안 지속되었다.

메시지를 전하는 주된 방법은 아마도 개인적인 대화였을 것이다. 누가는 사도행전 8장에서 빌립과 에티오피아 고관의 이야기를 통해 이 점을 강조한다. 그리고 바울이 서기오 바울에게 복음을 전하는 것은 또 다른 예다(행 13:4-12). 박해로 인해 예루살렘에서 흩어진 신자들은 수리아의 안디옥까지 가서 '말씀을 전했다'고 기록되어 있다. 이 경우에는 유대인들에게만 전했지만 이와 같은 제한은 곧 제거되었고 안디옥에 유대인들과 이방인들로 이루어진 교회가 든든히 세워졌다.

개인 간증은 종종 공적 선포나 심지어 다른 사람들과 어울려 유익한 대화를 나누는 것보다 훨씬 더 가치가 있다. 간증은 "이것은 진짜입니다. 정말 그렇습니다. 내 인생에서 그 증거를 분명히 보았습니다"라고 말한다. 간증은 힘이 있다. 그리고 간증은 신약성경의 많은 지면에서 자주 찾아볼 수 있다. 성경은 그리스도께서 자신들의 삶을 변화시킨 일에 대한 성경 저자들의 간증으로 가득 차 있다. 그들은 기쁨에 겨워 "이 말할 수 없는 선물을 주신 하나님께 감사합니다" 하고 큰 소리로 말하거나, 슬픔에 젖어 "죄인 중에 내가 괴수입니다"라고 말하거나, 그리스도께서 "내 지체 속에 있는 죄의 법"에서 건져 주신 것에 대해 기뻐하며 말한다(고후 9:15; 딤전 1:15; 롬 7:23). 이와 같은 개인적이고 열정적인 간증은 아그립바 왕을 예수님의 발 앞으로 데리고 오는 데 거의 성공했다(행 26:29).

우리는 초기 그리스도인들이 회당에 있는 '하나님을 경외하는 주변인들'에게 집중했음을 발견한다. 이 사람들은 종종 그 수가 많았다. 이방인들은 할례를 받고 사람들에게 경멸을 당하는 유대인들 중 하나가 되는 것에는 선을 그었지만, 그들 중 많은 이들은 유대교 예배를 좋아했고 그들의 유일신 신앙에 감탄했으며 그들의 성경이 호메로스(Homeros)보다 오래되었음을 알고는 충격을 받았다! 사도행전 13장은 회중의 다수가 이방인들이었던 설교의 모델이 될 수 있다. 바울은 이들이 있는 곳에서 시작하여(16절) 성경이 어떻게 그들에게 적실한 것인지를 보여 주었고 성경이 성취되었다는 것도 보여 주었다(17-23절). 바울은 그들에게 현재의 상황에서 일하시는 하나님에 대해 말했다(25절). 그는 교리가 아니라 예수를 전했다(38-39절). 그리고 다른 방식으로는 채워질 수 없는 그들의 가장 깊은 필요를 어떻게 예수님이 채워 주실 수 있었는지를 보여 주었다(39절). 그는 개인 간증을 하고(30-31절), 호소를 했으며(26절) 이슈들의 심각성에 대한 경고도 했다(41절). 이와 같은 일은 아마도 많은 회당에서 계속되어 그 열매도 많았을 것이며 회당장이 믿게 된 고린도에서와 같이 종종 사람들을 회심에 이르게 했을 것이다(행 18:8).

전도자들이 복음을 전하는 또 다른 주요 통로는 가정 모임이었다. 야손의 집이 가정 모임을 위해 사용되었고(행 17:5), 유스도의 집(행 18:7)과 빌립의 집(행 21:8)과 그 외 다른 집들이 그렇게 사용되었다. 이 가정 모임은 어떤 때는 기도를 위해 모였고

(행 12:12) 또 어떤 때는 식사 교제를 위해 모였다(행 20:7). 어떤 때는 성찬식을 위해 모였고(행 2:42) 또 어떤 때는 복음에 대해 배우는 콘퍼런스를 위해(행 28:17-28) 혹은 후속 모임을 위해 모였다(행 5:42). 어떤 때는 방 안이 말씀을 들으려고 온 구도자들로 가득 차기도 했다(행 10:22). 기록된 대로 교회의 초창기에 있었던 이러한 가정 모임들은 집이 다용도로 사용되었다는 점과 그 모임에 참여한 사람들과의 밀접한 개인적인 만남이 가능했을 것이라는 점을 강조해 준다. 개인 집에서 모이는 모임은 그리스도인들을 색출해 내려고 안달인 대적들의 눈에 잘 띄지 않을 수 있어서 그리스도인들이 자기 집을 모임 장소로 공개하는 속도만큼 가정 모임의 수는 기하급수적으로 늘어났다. 따라서 가정 모임은 매우 소중한 자산이었다. 다음 장에서 우리는 이어지는 수 세기 동안 그리스도인들이 이 모임을 어떻게 계속해서 즐겨 사용했는지를 살펴볼 것이다.

이 초기 그리스도인들은 자신을 변화시킨 복음에 열광했으며 그 복음을 중립 지대에서 토론하기를 좋아했다. 그들은 로마의 셋집에서 유대교 지도자들과 토론했다(행 28:17-31). 법정에서 심문을 받을 때도 그렇게 할 수 있었다(행 22장; 딤후 4:16, 17). 길거리에서 구걸하는 사람을 만났을 때나(행 3장) 바울이 두란노서원에서와 같이 복음 선포의 장을 의도적으로 만든 때에도 복음에 대한 토론을 할 수 있었다. 바울과 바나바가 루스드라에 있는 교육받지 못한 사람들과 토론하면서 그들에게 복음을 전하는 때나 바울이 아레오바고에서 지성인들과 토론하는 때가 가장 대표적인 예들이다.

초기 그리스도인들은 이후 세기들에 계속 발전되는 세 가지 복음전도 방법들을 시작했는데, 이 세 가지 모두 오늘날에도 여전히 효과적이다. 첫째로 그들은 책을 썼고 그것을 활용했다. 이 점은 복음서들을 볼 때 명백해진다. 비록 요한만 그것을 직접적으로 표현하고 있지만, 모든 복음서는 전도를 위한 목적으로 쓰였다. "오직 이것을 기록함은 너희로 예수께서 하나님의 아들 그리스도이심을 믿게 하려 함이요 또 너희로 믿고 그 이름을 힘입어 생명을 얻게 하려 함이니라"(요 20:31). 복음서들은 사도들의 서신들과 예수님의 말씀 선집, 성취된 구약 예언들 모음, 기독교의 윤리적 행동에 대한 글 모음, 거짓 가르침에 대한 글 모음 같은 다양한 문서들로 보충되었다. 책은 기독교 복음이 전파되는 데 있어 아주 중요했다.

둘째는 선교 여행들이었다. 사도행전과 서신서들을 통해 우리는 이 선교 여행들이 복음을 전파하는 두드러진 방안이었음을 분명하게 알 수 있다. 그리스도인들은 세상 곳곳으로 흩어져서 그리스도께서 사람들에게 주신 선물에 대해 이야기하는 것을 기쁨으로 여겼다.

셋째로 그들은 교회들을 세웠다. 교회 개척은 오늘날에도 여전히 복음을 전하는 가장 빠른 방법인데 그때도 그랬다. 복음을 들은 남자들과 여자들이 회개하고 믿음을 가지게 될 때마다 이들은 새로운 교회의 핵심이 되었다. 이것이 바로 고대 사회에서 복음이 그와 같이 폭넓은 지역에서 뿌리를 내릴 수 있었던 방식이었다.

마지막으로 우리는 그들이 열방에 복음을 전하는 사역을 시작할 때 가장 중요하게 지킨 것으로 보이는 두 가지 핵심 원리들을 명심할 필요가 있다. 첫째, 그들은 뜨거운 중심에서 시작하여 바깥을 향해 나아갔다. 그들은 예수님이 분부하신 대로 성령으로 충만해지기까지 예루살렘에서 기다렸다. 성령으로 충만하게 될 때 그들은 비로소 유대와 사마리아와 땅 끝까지 나가서 복음을 전하는 것을 받아들일 수 있었다. 안디옥에서도 마찬가지였다. 바나바와 사울은 선교 여행을 가기 전에 교회를 세우는 일을 위해 1년 이상을 보냈다. 에베소에서도 마찬가지였다. 일단 에베소에서 복음의 불이 활짝 타오르고 난 다음에 그 복음이 그 대도시로부터 히에라볼리와 골로새 같은 곳들과 소아시아 전역에 있는 다른 작은 마을들로 퍼져 나갈 수 있도록 바울은 에베소에서 3년 동안 집중적으로 복음을 전하고 가르쳤다.

둘째, 그들이 모두의 사역(every-member ministry)에 의존했다는 점이다. 이 점이 너무도 중요하기에 나는 의도적으로 이것을 마지막 부분으로 미뤄 두었다. 복음을 전파하는 일은 사도들과 다른 지도자들에게 국한된 것이 아니었다. 그것은 모두의 일이었다. 누구나 그리스도께서 자신의 삶에서 하신 일들을 중언할 수 있었다. 물론 더 체계적이고 심충적인 전도는 주로 더 잘 훈련받은 기독교 지도자들, 곧 신약성경의 지면에 그들의 흔적을 남긴 이들이었음은 의심의 여지가 없다. 하지만 교회의 주된 사명이 성취되는 것은 복음을 전파하는 일을 모두가 자신의 책임으로 알았기 때문이라는 점도 의심의 여지가 없다. 베테랑 선교사인 스테판 닐(Stephen Neill) 주교는 이렇게 말했다. "분명한 것은 모든 그리스도인이 중인이었다는 사실이다. 그리스도인들이 있는 곳에는 살아 있고 불타오르는 신앙이 있었을 것이며 오래지 않아 팽창해 가는 기독교 공동체가 있었을 것이다."

닐의 전임자인 아돌프 폰 하르낙(Adolf von Harnack)은 초기 기독교의 팽창에 대한 자신의 역작인 *Mission and Expansion of Christianity*(선교와 기독교 확장)이라는 책에서 이렇게 선언했다. "기독교 복음 전파의 주요한 일꾼인 사람들을 교회 안에 있는 한 계층 안에서만 찾는 것은 불가능한 일이다. 우리는 기독교의 위대한 선교는 실제로 비공식적인 선교사들을 통해 성취된 것이라고 한 치의 주저함 없이 믿을 수 있다."

3

2-4세기 교부시대 복음전도
_ 폴리캅

박해 속에도 예수 복음이 로마 전역에 들불처럼 번지다

A. D. 2-3세기는 복음의 특별한 진전이 있었던 시기다. 복음은 로마 제국의 도로와 강을 따라 주로 사적인 대화를 통해 자연스럽게 퍼져 나갔다. 상인들과 복음전도자들은 동쪽으로는 아라비아와 수리아와 페르시아로 가서 복음을 전했으며 서쪽으로는 알렉산드리아를 거쳐 북아프리카 해안을 따라 가며 복음을 전했다. 그리고 북쪽으로는 본도와 아르메니아와 골(Gaul)과 브리튼(Britain)으로 가서 복음을 전했다.

소아시아라는 규모가 큰 속주에서는 복음의 영향력이 엄청났다. 비두니아 총독인 플리니우스(Plinius)가 A. D. 112년에 트라야누스(Traianus) 황제에게 보낸 편지의 내용에서는 이 속주에서 일어난 기독교의 엄청난 성장에 대해 말하고 있다. 이 편지가 보존된 것은 우리로서는 매우 다행스러운 일이다. 이 속주의 그리스도인들은 그 수가 많았다. 그중에는 다양한 연령대와 성별과 사회 계층 사람들이 다 포함되어 있었다. "왜냐하면 이 전염성 강한 미신 종교는 도시들에만 국한되지 않고 마을들과 시골 지방들에 이르기까지 퍼져 갔기 때문"이다.

플리니우스는 자신이 취한 조치에 대해 자랑스럽게 이야기한다. "거의 버려졌던 신전들이 이제는 분명 사람들로 북적이기 시작했습니다. 그리고 오랫동안 중단되었던 신성한 축제들이 다시 돌아왔으며 얼마 전까지만 해도 찾는 사람들이 별로 없었던 희생제사로 바칠 동물들에 대한 수요도 크게 살아나고 있습니다"(Pliny, *Letters*, 10.96).

복음이 이 속주에서 들불같이 번져 나가고 있었음이 분명하다. 아시아에서 가장 큰 도시인 에베소와 그 주변의 모든 지역들에서도 마찬가지였다. 2세기 말에는 로마 제국의 모든 속주에서 기독교 교회들을 찾아볼 수 있었다. 연설가이자 변증가인 터툴리안은 제국의 용어를 빌어 다음과 같이 표현했다. "우리는 너희에게 속한 모든 곳, 곧 너희 도시들과 섬들과 성들과 마을들과 모임들과 너희의 군영들과 너희의 가문들과 일터와 궁전과 원로원과 광장을 복음으로 가득 채웠다! 너희에게 남은 거라고는 너희 신전들밖에 없다!"(*Book of Apology against the Heathen* 37).

평범한 그리스도인들의 영향력

복음전도의 이와 같은 진전이 공식적으로 세워진 목회자들과 복음전도자들 덕분이었던 것은 맞다. 하지만 전적으로 이들 때문이라는 것은 틀린 말이다. 2세기 중엽에 기독교를 강력하게 반대했던 켈수스(Celsus)는 당시 벌어지던 일에 대해 이교도가 받왔던 인상의 한 예를 보여 준다.

자신들보다 나이가 많거나 더 많이 배운 주인들 앞에서는 감히
한마디도 하지 못할 양가죽 세공업자들과 세탁소 노동자, 가장
무식한 시골 촌뜨기들이 가정집에 모여 아이들과 자기들만큼
못 배운 여자들을 붙들어 놓고는 기가 찬 말을 쏟아 내는 것을
본다. "너희는 너희 아버지나 선생들의 말을 들으면 안 된다. 우
리에게 복종해라. 그들은 어리석기 그지없는 사람들이다. 그들
은 알지도 못할 뿐 아니라 정말로 선한 일은 할 수도 없고 그저
공허한 말뿐인 사람들이다. 사람이 어떻게 살아야 할지 아는 것
은 우리밖에 없다. 아이들아, 우리가 말하는 대로 하면 너희도,
너희 가정도 행복하게 될 것이다."
그렇게 말하고 있는 동안에 학교 선생이나 더 많이 배운 계층 사
람이나 아니면 심지어 아버지가 오는 것을 보면, 그중 좀 더 조
심스러운 사람들은 사방으로 도망을 가고 더 부주의한 사람들
은 아이들에게 반항하라고 재촉한다. 그들은 이렇게 속삭인다.
"아버지와 교사가 여기 있으면 우리가 설명을 못한다. 우리는
멍청하고 둔하기 짝이 없는 선생들과는 상관하고 싶지 않다. 그
들은 부패하고 부도덕한 사람들이다. 더욱이, 그들은 너희에게
벌을 줄 사람들이다! 그러니까 너희가 원한다면 아버지와 선생
을 떠나라. 그리고 여자들과 너희 친구들과 함께 여자들 구역이

나 가죽 세공 공장이나 세탁소로 와라. 그러면 더 자세한 이야기를 들려줄 것이다." 이런 말들로 그들은 이 여자들과 아이들을 모은다(Origen, *Against Celsus* 3.55).

평범한 그리스도인들이 자신들의 신앙을 전하는 것을 켈수스는 이와 같이 냉소적으로 폄하했다. 하지만 비록 기독교에 적대적인 사람의 글이지만 이 얼마나 영광스러운 간증인가! 오늘날 잘 교육받은 전문 성직자가 사람들이 드문드문 앉아 있는 교회들에서 퍼뜨리고 있는, 고도로 지성화된 기독교와 얼마나 대조적인가!

세상 중심에 있는 초기 그리스도인

학계에서는 이 시기에 바울과 요한이 가르친 위대한 진리는 상실된 반면, 신약 시대의 영광스러운 메시지는 일종의 원시 가톨릭주의와 도덕주의로 회석되었다는 의혹을 제기해 왔다. 어떤 이들은 복음이 어두운 구덩이에 빠져들었다가 종교개혁 때에 가서야 떠오르게 되었다고 주장하기도 한다. 사도들이 소중하게 여기던 은혜와 중생, 칭의, 성화, 그리스도와의 연합과 그 외 다른 숭고한 교리들이 내팽개쳐졌으며 위계적 교회 정치와 율법주의적 윤리, 예수의 인성에 대해서는 무관심한 기독론으로 대체되었다는 것이다.

이 주장은 일부 진실과 부합하는 면이 있기는 하지만 진실의 전부를 다 말해 주는 것은 아니다. 2세기 초에 기록된 《디오그네투스에게》(The Epistle to Diognetus)는 교부시대 교회들이 복음전도를 위해 저술한 몇몇 문헌들 중 하나로 보석 같은 작품이다. 여기 기록된 이 수준 높은 기독론은 어떻게 볼 것인가? "여러분도 상상해 보셨을 수 있겠지만, 하나님은 사람들에게 종이나 천사나 통치자를 보내시기보다 … 그를 통해 하늘을 지으시고 바다의 경계를 만드신, 만물의 창조자요 조성자인 바로 그분을 보내셨다. 그분이 바로 하나님이 그들에게 보내신 사자였다"(Epistle to Diognetus 7).

아니면 십자가에 대한 설명으로 이 글은 또 어떤가? "하나님은 스스로 우리 죄 짐을 지셨다. 하나님은 우리를 위해 자기 아들을, 죄인들을 위해 거룩한 자를, 썩어질 자들을 위해 썩지 않을 분을, 유한한 인간들을 위해 영원불멸이신 분을 대속물로 주셨다. 그분의 의가 아닌 그 어떤 것이 우리 죄를 가릴 수 있었겠는가? 오직 하나님의 아들 안에서가 아니면 그 누구 안에서 악하고 경건치 못한 우리가 의롭다 함을 받을 수 있었겠는가?"(9) 이어서 이렇게 설명한다. "이 얼마나 향기로운 맞바꿈인가! 우리가 도무지 다 이해할 수 없는 하나님의 역사로다! 모든 기대를 초월하는 축복이여! 많은 사람의 악이 의로우신 한 분 안에서 감춰진다니! 그분의 의가 많은 죄인을 의롭다 하다니!"(9) 그러면 사람은 어떻게 그리스도께 와서 자기 믿음을 실천하며 살아가는가?

아무도 하나님을 보지 못했지만 하나님은 자신을 드러내셨다. 그리고 믿음을 통해 자신을 알리셨다. 우리는 오직 믿음을 통해서만 하나님을 볼 수 있다. 하나님은 이 믿음을 자기를 사랑하는 사람들에게 주실 것이다. 그러면 당신은 어떤 기쁨으로 충만하게 될 것이라 생각하는가? 혹은 당신을 먼저 사랑하신 하나님을 당신은 어떻게 사랑할 것인가? 그리고 하나님을 사랑한다면 당신은 하나님의 친절하심을 본받으려고 할 것이다. 우리가 하나님을 본받는 것이 가능할까 하고 의심하지 말라. 기꺼이 그렇게 할 의지가 있으면 하나님을 본받을 수 있다. 자기 이웃의 짐을 대신 짊어지는 사람, 자기가 가진 것으로 이웃을 유익하게 할 준비가 된 사람은 하나님을 본받는 사람이다(10).

이것은 2세기 저자들이 종종 비판을 받는 결실 없는 자기 노력이 아니다. "태초부터 계셨고, 새 영처럼 나타나셨지만 예전에도 계셨으며, 성도들의 마음속에 새롭게 임하신" 성령의 역사다(11). 그리스도의 능력에 대한 분명한 믿음이 있다. "하나님이 하늘로부터 진리 곧 거룩하고 썩지 않는 말씀을 보내사 사람들 가운데 두셨고 그 말씀이 그들의 마음속에 견고히 서게 하셨다"(7).

그들의 메시지를 너무나 확증해 주는 기독교적 생활 방식에 대한 다음과 같은 유명한 구절을 언급하지 않은 채 이 작지만 대단한 서신에 대한 소개를 마치는 것은 잘못된 일일 것이다.

그리스도인들이 다른 사람들과 구별되는 것은 나라나 언어나 그들이 지키는 관습을 통해서가 아니다. 그리스도인들은 자신들의 도시에 살고 있지 않기 때문이다. … 그러나 그들은 의복과 음식, 일반적인 삶의 방식에 있어서는 그 나라의 관습을 따르면서도 우리에게 자신들이 가진 시민권의 주목할 만하고도 역설적인 방식을 보여 준다.

그리스도인들은 자신들의 나라에 살지만 단지 나그네로만 산다. 시민으로서 모든 것을 다른 이들과 공유하면서도 외국인으로서 모든 것을 견딘다. 모든 낯선 땅이 그들의 조국이고, 모든 조국이 낯선 땅이다. 그리스도인들은 모든 사람처럼 결혼을 한다. 아이들도 낳는다. 하지만 자녀를 유기하지 않는다. 그리스도인들은 공동으로 식사하지만 다른 사람의 배우자와 침상을 같이 하지 않는다. 육체를 가지고 있지만 육체를 따라 살지 않는다. 그리스도인들은 이 땅에 발붙이고 살지만 하늘 시민들이다.

세워진 법들을 지키지만 동시에 그 법들을 능가하는 삶을 산다. 그리스도인들은 모든 사람을 사랑하지만 모든 사람에게 박해를 받는다. 간단히 말해, 영혼이 육체 속에 있듯이 그리스도인들은 세상 가운데 있다(5).

삶으로 보인 기독교적 생활 방식

이와 같은 주장은 우리에게 복음의 진전에 있어 핵심 요소들 중 하나, 곧 그리스도인들의 삶에 주목하게 한다. 교회가 엄청나게 팽창하던 이 시기에 세속 사회에 그와 같이 큰 영향을 미친 것은 사실 그리스도인들의 이러한 변화된 생활 방식 때문이었다. 유스티누스는 2세기 중반에 이렇게 외쳤다.

우리가 전에는 음행을 좋아했지만 지금은 정절을 지킨다. 전에는 마술을 행했지만 이제는 선하시고 스스로 생명의 근원이 되시는 하나님께 헌신한다. 전에는 부와 재산 모으는 것을 다른 무엇보다 중요하게 여겼지만 이제는 우리가 가진 모든 것을 공동창고에 들이고 필요에 따라 모든 사람에게 나눠 준다. 전에는 서로 미워하고 파멸시켰으며, 삶의 방식이 다른 탓에 다른 부족 사람들과 함께 사는 일이 없었다. 하지만 그리스도께서 오신 이후로 이제는 다른 부족 사람들과 함께 행복하게 살고 우리 원수를 위해 기도하고 우리를 부당하게 미워하는 사람들을 설득하여 그들이 그리스도의 선하신 명령에 순종하여 살도록, 그리하여 그들이 우리와 함께 만물의 통치자 되시는 하나님께로부터 상을 받는 삶, 우리와 동일한 소망을 가지는 사람들이 될 수 있도록 애쓴다(Justinus, *1 Apology* 14).

거룩한 삶이 효과적인 복음전도와 연결되는 것을 이보다 잘 표현하기는 어려울 것이다. 그리스도인들은 정절을 지키고, 잔인한 검투사 쇼를 싫어하고, 이교도 이웃들을 위해 희생적인 선행을 베풀고, 훌륭한 시민으로 사는 모습을 통해 사람들의 이목을 끌었다. 그들은 신생아를 유기하거나 태아를 낙태하지 않았다. 그들은 처형을 당할지언정 우상 숭배에 가담하기를 거부했다. 당시의 이교도 저자들은 그리스도인들의 순결한 삶과 헌신된 사랑, 사회의 우려섞인 시선과 반대를 받는 가운데도 보이는 놀라운 용기를 칭송했다.

2세기 저자인 아테나고라스(Athenagoras)는 그리스도인들의 행동에 대해 다음과 같이 감동적으로 말한다. "우리 공동체에서 당신은 배우지 못한 사람들, 수공업자들, 교리의 유익을 말로 증명할 수는 없어도 진리를 믿는 그 믿음을 행동으로 보여 주는 나이든 부인들을 볼 수 있을 것이다. 그들은 연설을 하기보다 선한 행위를 보여 준다. 매를 맞아도 그들은 되갚지 않는다. 도둑을 맞아도 법에 호소하지 않는다. 그들은 달라고 하는 사람들에게 주고 이웃을 자신같이 사랑한다"(Athenagoras, *A Plea for the Christians* 11).

2세기 기독교 저술들은 거룩한 삶을 격려하는 말들로 가득하다. 사람들이 복음전도자들이 선포하는 복음을 믿을 수 있으려면 거룩한 삶이 반드시 필요하다. 이것이 없이는 전도자들은 아무 영향을 미칠 수 없었을 것이다. *2 Clement*(제2 클레멘스서)의 저자는 이렇게 말한다. "이교도들은 우리 입에서 하나님의 말씀을 들을 때 그 말씀의 아름다움과 위대함에 놀라워한다. 그런 다음 우리 행위가 하는 말에 합당하지 않다는 것을 알게 되면 놀라워하던 말이 신성모독의 말로 바뀌어 모든 게 신화이고 속임수라고 말한다"(*2 Clement* 13.1).

2-3세기 저자들의 도덕성에 대한 이와 같은 강조는 복음은 선포될 뿐만 아니라 삶으로 드러나야 한다는 진리에 더욱 힘을 실어 준다. 초기 그리스도인들이 성공적일 수 있었던 것은 단지 그들이 논쟁에서 이교도들을 이겼기 때문이라기보다는 그들보다 더 나은 삶의 증거도 보여 주었기 때문이다.

기독교 복음 전파의 또 한 가지 중요한 요소가 있는데 그것은 설득력 있는 선포였다. 2-3세기에 이루어진 복음 선포는 유대인들에 대한 접근과 이방인들에 대한 접근이 매우 달랐음을 알 수 있다.

유대인들 대상의 기독교 변증

신약성경에 보면 바울과 다른 선교사들은 분명 이방인들에게 복음을 전하기 전에 먼저 유대인들에게 가서 복음을 전했다. 유대인들은 하나님이 택하신 민족이었으며 예수님은 유대교의 정점이었다. 그리고 초기의 선교사들은 유대인들을 무시하려고 하지 않았다. 물론 유대인들은 메시아 곧 자기 민족을 이방인의 지배로부터 구원해 줄 기름 부음 받은 구원자를 고대하고 있었다. 우리가 본 것처럼, 유대인들 사이에는 메시아에 대한 서로다른 기대들이 있었다. 그분은 다윗의 자손이었는가? 복음서 저자들은 그렇다고 말했다(따라서 이들의 접근에서 족보가 중요했던 것이다). 하지만 그분은 아버지의 우편에 앉아 계신 다윗의 주시기도하다(시 110편).

그분은 정치적 지도자였는가? 그렇다. 그렇지만 이 땅의 물리적인 왕국의 지도자는 아니었다. 그분은 저마다 다른 배경을가진 남녀 제자들을 자신의 리더십 아래에서 하나의 공동체로만드셨다. 그들은 선지자적인 혹은 아마도 제사장적인 메시아를 찾고 있었는가? 그분은 둘 다였다. 모든 사람이 예수를 선지자로 알았다. 하지만 히브리서가 잘 지적하듯이 예수님은 완전한 대제사장이시기도 하다. 그분은 인자이셨는가? 다시 한 번 그리스도인들은 "그렇다. 하지만…"으로 답한다. 그분은 다니엘이 그 영광을 보고 기뻐했던 인자셨다(단 7:14). 하지만 그분은 동시에 고난 받은 인자셨다. 이것은 유대교에서 들어본 적이 없는 것이었다. 그리스도인들은 예수님이 영광스러운 인자와 겸손히 고난 받는 종(사 53장)이라는 서로 완전히 상반되는 역할을 결합하신 방식을 강조했다.

초기의 유대인 전도자들은 다음과 같은 방식들로 자신들이 선포하는 예수님이 누구신지에 대해 자기 동족들을 설득하려 했다. 예수님은 이스라엘의 성경과 이스라엘의 소망을 성취한 분이시다. 듣는 이들을 설득하려고 단단히 결심하고서 그들은 성경을 깊이 파고들었다. 이러한 내용은 신약성경에도 잘 드러나지만 2세기 초에 순교자 유스티누스(Justinus)가 쓴 *Dialogue with Trypho*(트리포와의 대화)에서 한 유대인과 그리스도인 사이의 흥미로운 논쟁을 통해서도 확인할 수 있다. 물론 예수님의 죽음은 복음전도에 엄청난 장애물이 되었다. 이스라엘을 구하는 대신 그 자신이 로마인들에게 처형을 당한 사람이 어떻게 메시아일 수 있겠는가? 하나님의 저주의 가장 극단적인 징표인 십자가에 못 박혀 죽는 것으로 생을 마감한 사람이 어떻게 메시아일 수 있겠는가?

하지만 그리스도인들은 예수님의 십자가가 약함이 아니라 능력이라고 주장했다. 예수님이 악의 세력들을 만나 그들을 정복한 것이 바로 이 십자가 위에서였다는 것이다. 그들이 즐겨 말하는 대로 예수님은 나무 위에서 왕으로서 다스리셨다. 그리고 십자가가 약함이 아니라 승리를 의미했다는 이 주장의 증거는 물론 부활이다. 이것은 분명 그들이 전한 설교의 핵심적인 내용이었다. 예수님이 메시아였다면 저주 아래 죽을 수는 없었을 것이라는 비판에 대해, 복음전도자들은 십자가가 저주의 장소라는 데는 동의했다. 하지만 그들은 예수님이 온 세상의 저주받을 죄를 대신 지시고 그 저주의 자리를 취하신 것은 우리에게서 그 죄의 짐을 없애시기 위함이었다고 주장했다.

사도행전에서 분명하게 볼 수 있듯이, 유대인 선교는 초기에 상당한 성공을 거두었다. 복음전도자들은 정말 세심하게 유대인들의 정서를 배려한 것 같다. 예를 들어 사도행전의 그 어떤 설교에서도 전도자들은 예수님을 하나님이라고 선언하지 않는다. 그렇게 했더라면 유대인들에게는 유일신 신앙에 대한 공격으로 들릴 수도 있었을 것이다. 하지만 그들이 예수님에 대해 선포한 범주들의 밑바닥에는 예수님이 곧 하나님이시라는 확신이 깔려 있었다. 사도행전에 나오는 초기 설교들을 보면, 예수님은 구약성경에서 하나님께 귀속된 일들을 행하시고 전능자의 보좌로 높임을 받으신다. *Gospel of the Ebionites*(에비온파 복음서)와

Gospel of the Hebrews(히브리인들의 복음서)와 같은 2세기 유대인 그리스도인들의 저작들이 보여 주는 것같이, 유대인들은 예수님에 대해 성령이 모든 충만함으로 임하신 분으로 보기를 더 원했던 것 같다. 기독론에 대해 이와 같은 좀 더 융통성 있는 접근을 지속했더라면 유대인 선교 초기의 성공은 보다 오래 지속되었을 것이다. 하지만 실제로는 복음전도자들과 유대인들 양쪽 모두 각각의 입장이 더 견고해졌고 1세기 후반 80년대에 이르러서는 극복하지 못할 정도로 균열이 생겨나게 되었다.

복음전도자들은 유대인들에게 강도같이 보였을 것이다. 첫째, 그들은 "하나님의 이스라엘"이라는 자신들의 지위를 탈취해 갔다. 둘째, 그들은 자신들의 성경을 탈취하고는 구약성경을 뒤져서 예수님에게 돌릴 수 있는 본문들을 찾아냈다. 유스티누스 같은 일부 그리스도인은 유대인들이 구약성경에 대한 권리를 완전히 상실했다고 주장했다. 셋째, 유대인들 눈에는 그리스도인들이 이스라엘의 율법을 어긴 것으로 보였을 것이다. 그리스도인들은 율법이 자신들을 그리스도께로 인도한다고 보았다. 하지만 그들은 율법에 있는 음식법과 안식일에 대한 금지 명령들을 지키는 일에는 전혀 주의를 기울이지 않았다. 마지막으로 예수님을 메시아로 믿지 않았던 유대인들은 그리스도인들이 자신들의 거룩한 의식들을 영적인 것으로 만드는 방식 때문에 분명 분노했을 것이다. 그것은 정당한 불평이었다.

초기 그리스도인들은 안식일과 할례, 성전, 제사, 제사장을 모두 없애 버리거나 영적인 것으로 변경하거나 기껏해야 아주 미심쩍기 그지없는, 원하면 덧붙일 수도 있는 '어떤 것' 정도로 치부했다. 따라서 전반적으로 볼 때 유대인 선교가 거의 실패로 돌아간 것은 그다지 놀랄 일이 아니다. 초기에는 유대와 이집트, 수리아와 로마에서 유대인 선교가 성공적으로 이뤄졌다. 예수라는 인물은 사람들을 끄는 힘이 있었다. 복음전도자들의 부활에 대한 증언은 흥미로웠다. 성경을 근거로 펼치는 논증은 설득력이 있었고 그리스도인들의 기쁨 넘치는 교제는 죄 사함을 확신 있게 제시하는 것과 더불어 호소력이 있었다. 하지만 그리스도인들은 예수님을 십자가에 죽게 한 것에 대해 점점 더 유대인들을 비난했으며, A.D. 70년 성전 파괴와 예루살렘의 함락을 이스라엘에 대한 하나님의 심판으로 묘사했다.

복음은 사랑과 섬세한 배려 없이는 전할 수 없음을 가르쳐 준 복음전도 프로젝트를 들라면 이 유대인 선교 사역을 말할 수 있을 것이다. 기독교 공동체와 복음전도자들은 자신들이 메시아의 공동체라는 점을 유대인들이 믿을 만한 것으로 여기게 하는 데 실패했다.

이방인 대상의 기독교 변증

그때까지 복음전도가 가장 성공적으로 이루어졌던 것은 이방인 선교에서였다. 물론 이를 위해서는 유대인에 대해서라면 모든 것을 하찮게 여기고 오해했던 이방인들을 이해시키기 위해 유대식 용어와 개념들을 모조리 다시 번역해야 했다. 그래서 이방인들에게는 전달되기 어려운 '메시아'나 '하나님의 아들'이라는 말 대신에 점차 '주'(Lord)라는 단어로 바꿔 표현하게 되었다. 헬라어로 번역된 구약성경인 칠십인경에서 이 칭호는 언제나 하나님에 대해 사용되었다. 그 칭호는 헬라 세계에서도 아주 잘 이해되었다. 이방인들은 누구나 주 세라피스(Lord Serapis)와 주 오시리스(Lord Osiris) 등에 대해 알고 있었다.

하지만 다른 무엇보다 '주'는 로마 황제를 가리키는 말로 사용되었다. 따라서 이 칭호는 가이사가 아니라 예수님이 세상의 주시라는 것을 암시하는 강한 함의를 지닌 말이었다. 동시에 "예수는 주시다"라는 기본적인 세례 고백에 대해서도 마찬가지였다. 이와 비슷하게 유대인들의 사고에서 매우 일반적인 '하나님 나라'는 이방인들 사이에서는 완전히 오해를 받았을 것이다. 이 말이 사라지지는 않았지만 점차 (제국 전역에 있는 사람들이 고대하고 있었던) 구원 혹은 영생으로 대체되었는데, 이 두 대체적 용어들은 분명 호소력이 컸다.

또 다른 예는 '입양'이라는 언어의 사용이다. 입양은 유대교에서는 알려지지 않은 일이었지만 그리스-로마 세계의 삶에서는 중요했다. 비록 우리가 원래는 하나님으로부터 철저하게 분리된 존재들이었지만 하나님이 믿는 자들을 자신의 가족 안으로 받아들이기를 기뻐하신다는 것을 보여 주기에 이 입양이라는 언어의 사용은 얼마나 지혜로운 방법인가!

이와 같은 필수적인 문화적 번역들(necessary cultural translations)은 전부 신약성경 안에서 찾아볼 수 있다. 하지만 신약성경이 기록된 이후 두 세기 동안 이러한 번역들이 더욱 두드러지게 발견된다. 참 기독교와 거기서 이탈한 모든 이단들의 차이를 극대화하는 데 관심이 있었던 정통의 수호자들과, 그 자신과 잠재적 회심자들 사이의 간격을 최소화하고 둘 사이의 공통점을 강조하는 데 관심이 있었던 변증가들과 전도자들 사이의 틈새가 벌어지기 시작했다.

우리가 여기서 관심을 두는 것은 후자다. 이것이 변증가들이 자신들의 믿음을 변호하는 글과 말을 통해 하려고 하는 일이다. 초기 변증가 유스티누스가 가장 대표적인 예다. 이것은 또한 평범한 복음전도자들이 하려고 했던 일이다. 수 세기 동안 그들은 줄곧 복음을 제시하기 전에 우상 숭배에 대한 비판과 예수님 안에서 자신을 보여 주신 참되신 한 분 하나님에 대한 선포와 참된 회심이라면 반드시 따라오게 되는 변화된 삶에 대한 간증을 제시했다.

변증가들은 그 호칭이 시사해 주듯이 두 가지 목표를 가지고 있었다. 첫 번째 목표는 복음을 이방인들이 이해할 수 있게 만드는 것이었다. 그래서 이들은 위에서 설명한 번역의 원리를 만들어 냈다. 유스티누스는 세속 철학자였다가 기독교로 개종했다. 그는 자신만의 특유한 철학자의 옷을 계속해서 입고 있었으며 기독교가 참 철학이라고 주장했다. 아마도 바울과 요한 이후 의도적으로 기독교를 헬라 사상과 조화시키려 한 것은 유스티누스가 처음이었을 것이다.

그는 요한이 복음서에서 사용한 로고스 (말씀) 개념을 잘 활용했다. 로고스 곧 신적 이성에 대해 언급하는 것은 지성인들 사이에서는 일반적이었는데, 유스티누스는 그리스도가 오시기 전에는 사람들이 신적 이성의 '씨앗'을 소유함으로써 진리의 파편들을 얻을 수 있었다고 주장했다. 그런데 그리스도가 오심으로 로고스가 온전한 형체를 취하여 사람이 되었다는 것이다.

따라서 유스티누스는 로고스의 성육신을 강조했지만 철학에도 진리가 있다고 인정할 만큼 폭이 넓었다. 철학은 진리이기 때문에 철학 역시 그리스도 안에서 완전하게 드러난 로고스의 일하심에 기인한 것임에 틀림없다는 것이다. 클레멘트와 오리게네스 같은 후기 변증가들은 이와 똑같은 구조 위에서 자신들의 변증을 펼쳤다. 이 구조의 장점은 세속 사상을 자유롭게 활용하는 것이다. 반면 위험성은 비기독교적 생각과 혼합시키는 것이었는데 변증가들은 이 위험성을 완전히 피해 가지는 못했다.

유스티누스와 다른 변증가들의 두 번째 목표는 이교도들의 다양한 종류의 비판에 맞서 신앙을 변호하고 기독교를 참되고 온전한 신앙으로 확신 있게 제시하는 것이었다. 이 변증서들은 당대의 황제나 속주의 총독들을 겨냥하여 저술되었다. 유스티누스는 그리스도인들이 정당성을 얻게 하는 데 관심을 기울였다. 하지만 황제나 속주 총독들이 이 변증서들을 실제로 읽었는지는 의문이다. 변증가들이 영지주의와 다른 신흥 이단들을 반박할 때 교회 내에서 내부적으로 매우 소중한 자원들이었음은 분명하지만 이들이 복음 전파에서 큰 진전을 이루어 냈는지에 대해서는 의심의 여지가 많다. 초대 교회가 폭발적으로 성장한 데는 다른 요인들이 있었음에 틀림없다. 특별히 다음 두 가지 요인이 두드러진다.

박해당하는 그리스도인들의 인내

초대 교회의 성장에는 첫째, 박해당하는 그리스도인들의 인내가 있다. 그리스도인들을 향한 대대적인 박해는 로마 대화재 이후에 네로가 자행했다. 그는 이 화제의 책임을 그리스도인들에게 돌렸다(이것은 잘못된 비난이었다). 그리스도인들은 타키투스 같은 귀족 역사가조차 충격에 빠트린, 도무지 상상도 못할 고문들을 견뎌 냈다. 그는 이렇게 기록했다. "그들은 죽어 가는 동안 온갖 조롱을 당했다. 그들은 몸에 들짐승 가죽을 두른 채 개에게 갈기갈기 찢기거나 십자가에 못 박히거나 아니면 어두울 때 횃불처럼 사용되도록 불로 태워졌다"(Tacitus, Annals 15.44).

네로의 박해는 그 후 속주의 총독들에게 언제든 그리스도인들을 박해할 수 있는 구실이 되었다. 모든 총독들이 박해에 가담한 것은 아니지만 A.D. 313년에 콘스탄티누스가 '관용의 칙령'(Edict of Toleration)을 내리기까지 간헐적인 박해는 계속 일어났다. 고문과 처형을 당하는 그리스도인들의 모습은 그것을 지켜본 사람들에게 엄청난 영향을 주었다. 세 사람의 순교자가 이 점을 아주 분명하게 보여 준다.

첫 번째 순교자는 유명한 기독교 지도자인 서머나 주교 폴리캅이다. 그는 A.D. 155년에 서머나에서 열린 대규모의 이교 축제 때 체포되었으며 분노한 군중들의 선동으로 화형을 당해 죽었다. 그들은 이렇게 소리쳤다. "이 사람은 아시아의 선생이다. 그리스도인들의 아버지이고 우리 신들을 전복시키는 자다. 이 사람이 신들에게 제사 드리거나 예배하지 말라고 많은 사람들에게 가르치고 있다"(Martyrdom of Polycarp 12).

총독은 그에게 자기 주장을 철회하고 이교의 신들을 예배할 기회를 주었다. 하지만 폴리캅은 자신이 86년간 예수님을 섬기면서 예수님이 한 번도 자기를 해롭게 하신 일이 없으므로 자신도 예수님을 부인하지 않겠노라고 말하면서 그 기회를 사양했다!

두 번째 순교는 A.D. 177년에 일어났다. 회심한 지 얼마 안 되는 블랜디나(Blandina)라는 한 노예 소녀는 기발하게 고안된 도구로 잔인하게 고문을 당했고, 석쇠 위에 올려졌으며, 경기장의 맹수들에게 내던져졌고, 동료 신자들이 죽임을 당하는 것을 강제로 지켜본 다음에 자기를 괴롭히는 사람들을 위해 기도하는 동안 기둥에 못 박혔다. 유세비우스의 《교회사》(*Ecclesiastical History*)에 실린 한 편지에서 목격자가 이 모든 것을 기록으로 남겼다.

세 번째 순교자는 결혼한 지 1년 된 22세의 퍼페투아(Perpetua)이다. 그녀는 아기에게 젖을 물린 채 A.D. 203년에 카르타고에서 순교를 당했다. 죽기 전에 그녀는 자신이 투옥 중에 겪은 일들을 기록할 수 있었다. 퍼페투아의 아버지는 그녀로부터 신앙 고백을 철회하게 만들려고 갖은 시도를 다했다. 먼저, 그는 그녀를 매정하게 대했고 그런 다음에 호소를 했다. 딸의 마음을 바꾸게 하려고 자신의 연로함과 태어난 지 얼마되지 않은 그녀의 어린 아들을 들어 호소했다. 하지만 그녀는 확고한 태도를 유지했고 품위 있게 죽음을 맞았다.

이와 같은 용기 있고 한 치의 물러섬이 없는 그리스도인들의 순교는 엄청난 영향을 미쳤다. 스토아학파 철학자들도 용기 있게 죽었지만 그리스도인들처럼 기쁨으로 죽음을 맞이한 사람들은 없었다. 그리스도인들의 두려움 없는 자기 희생은 그들이 믿는 복음의 진리의 고상함을 드러내 보여 주었으며 많은 이들이 그들과 같이 그 진리를 믿게 했다.

치유와 귀신 쫓음

A.D. 2-3세기에 폭발적인 복음 전파가 일어난 데는 여러 가지 이유들이 존재하지만, 내가 생각할 때 가장 위대한 이유가 남아 있다. 이것은 하나님의 순전한 능력과 관련이 있다. 수많은 평범한 사람들을 그리스도께로 인도한 것은 바로 이 능력이다. 예수님의 사역과 바울 서신에서 예시된 바 있고 2세기 마가복음의 긴 결론부에도 나오는 이 능력은 영웅적 행동에서뿐만 아니라 치유와 귀신 쫓음에서도 나타났다. *Christianizing the Roman Empire*(로마 제국의 기독교화)라는 아주 흥미로운 책에서 고전학자인 렘지 맥멀른(Ramsay MacMullen)은 이 점을 매우 분명하게 보여 준다.

그는 4세기 초에 활동했던 위대한 교회사가 유세비우스의 말을 인용한다. 유세비우스는 복음전도자들이 "하늘 나라의 구원을 가져다주는 씨앗을 세상 저 먼 곳까지 퍼트려 심었고 … 하나님의 은총과 도우심으로 복음을 전하였다. 놀라운 기적들이 그 시대에도 성령을 통해 전도자들에 의해 일어났기 때문이다"라고 진술한다(*Ecclesiastical History* 3.37).

신약 외경인 요한행전(Acts of John)은 사도가 치유 사역을 통해서, 그리고 더 많은 경우는 에베소의 거대한 아데미 신전에서 마귀 세력을 몰아냄으로써 많은 사람들이 구원을 얻었다고 말한다. 제단이 둘로 갈라졌고, 어떤 건물은 무너졌으며, 에베소인들은 "하나님은 요한의 하나님 한 분만 계신다"고 외쳤다(Acts of John 42). 비록 외경을 출처로 한 것이지만, 맥멀른은 2-3세기에 많은 사람들이 이와 같은 하나님의 능력이 나타난 사건들을 사실로 믿었고 그 결과 많은 이들이 회심하게 되었음을 보여 준다. 다신교를 숭배하던 당시 시대 상황에서 복음의 우월함이 드러나도록 하나님이 그분의 능력을 행사하시면 안 될 이유가 어디 있겠는가?

세 가지 자료를 바탕으로 우리는 3세기에 일어난 기적에 대해 듣는다. 이는 은사자 그레고리(Gregory the Wonderworker)가 행한 놀라운 권능의 행위들을 통해서이다. 그는 본도의 네오가이사랴(Neocaesarea) 시에서 사역을 했는데 거기서 많은 사람들을 믿음으로 이끌었다. 한번은 그레고리가 신전에서 대부분의 시간을 기도하면서 하룻밤을 보낸 적이 있었다. 아침에 그가 떠난 후 신전 관리자는 자기가 예배자들의 질문에 대해 신탁을 답으로 줄 때 의지했던 귀신이 그리스도의 더 큰 능력으로 내침을 당하여 그 신전을 떠난 것을 알게 되었다.

또 다른 이야기에서는 그레고리가 설교할 때 한 젊은이가 그에게 대들었다고 한다. 그레고리는 그가 귀신에 들렸음을 알아차렸고 "내가 네게 명령하는 것이 아니라 너를 돼지 떼와 함께 바다에 빠지게 하신 그리스도께서 명령하신다. 이 젊은이에게서 떠나라!"라고 말하면서 그 귀신을 쫓아냈다.

사실 귀신을 쫓아내는 사역은 치유 사역과 더불어 복음전도에 가장 많은 영향을 끼쳤다. 맥멀른은 이러한 사역들을 '접근금지' 구역으로 만드는 역사가들의 회의론을 거절한다. 그는 초기 기독교 변증가인 유스티누스가 자랑하는 말을 인용한다. "우리 도시와 세상의 다른 모든 곳에 있는 귀신 들린 사람들로부터 우리는 얼마나 많은 귀신을 쫓아냈던가?"(2 Apology 6). 2세기 후반에 이레니우스(Irenaeus)는 "어떤 사람들은 논쟁의 여지없이 정말로 귀신을 쫓아내고 그 결과 귀신에게서 놓임을 받게 된 사람들이 종종 신자가 된다"고 적는다(Eusebius, Ecclesiastical History 5.7.4).

그로부터 얼마 후에 테르툴리아누스(Tertullianus)는 회의론 자들을 초청하여 잘 지켜보라고 했다. "귀신 들린 것이 틀림없는 한 사람을 여기 여러분의 법정 앞에 서게 해 보라. 그 영은 어떤 그리스도인에게든지 명령을 받으면 다른 곳에서 자기가 '신'이라고 속여서 말하는 만큼이나 자기가 정말로 귀신이라고 고백할 것이다"(*Apology* 23). 이것은 전적으로 그들이 그리스도를 믿어야 한다는 테르툴리아누스의 열정적인 호소를 위한 것이다. 만일 그의 이교도 청중이 조롱하면, 테르툴리아누스는 그들에게 말할 것이다. "우리가 귀신들을 제압하는 모든 능력과 권위는 그리스도의 이름을 부르는 데서 온다. 그래서 귀신들은 하나님과 그리스도의 종들에게 복종한다. 우리가 명령하면 귀신들은 좌절하고 내키지 않아도 자기들이 들어갔던 몸을 떠나간다. 당신들의 바로 눈앞에서 공개적으로 수치를 당한다"(*Apology* 23).

그는 다시 말한다. "우리는 귀신들을 대적하는 것으로 그치지 않는다. 우리는 귀신들을 이긴다. 날마다 귀신들로 조롱을 당하게 하고 그들이 사로잡은 사람들에게게서 그들을 쫓아낸다. 이것은 많은 사람들에게 익히 잘 알려진 일이다."

이와 같은 일이 사실이 아니라는 주장은 무의미하고 비생산적이다. 기독교 선교에서의 특별한 능력에 대한 강조는 미누키우스 펠릭스(Minucius Felix)와 타티안과 오리게네스와 *Apostolic Constitutions*(사도 헌법)에서도 반복적으로 나타난다.

하나님의 능력이 이와 같이 나타나는 것을 부인할 수는 없었기에 유대인들과 이교도들은 예수의 이름을 마술 주문으로 사용하려고 했다! 하지만 이 복음전도자들과 변증가들의 강조점은 언제나 기적 자체가 아니라 그 기적이 복음의 좋은 소식임을 확증해 주는 데 있었다.

4

4세기 기독교국교화 후
복음전도
– 아우구스티누스

명목상 신앙과 교회의 부패로부터 벗어나려 하다

3년 동안 극심하게 그리스도인들을 박해했던 데키우스 (Decius) 황제가 A.D. 251년에 전쟁터에서 죽은 이후로 3세기 후반에는 교회가 크게 성장했다. 기독교에 대한 억압이 약해졌고 그리스도인의 숫자는 급격하게 늘어났다. 사회 역사가 로드니 스타크(Rodney Stark)는, 이 몇십 년의 기간 동안 기독교는 40퍼센트 성장했으며 A.D. 300년까지 제국에 6백만 명 이상의 그리스도인들이 있었다고 추정한다. 하지만 A.D. 303년에 디오클레티안(Diocletian) 황제는 교회가 제국을 삼키기 전에 교회를 먼저 무너뜨리겠다는 생각으로 대대적인 박해를 시작했다. 그러나 얼마 지나지 않아 A.D. 311년에는 교회에 대한 탄압이 힘을 잃게 되었으며 그다음 해에는 콘스탄티누스 1세가 자기 군대의 방패를 십자가로 화려하게 장식한 채 서로마 제국의 명실상부한 통치자가 되었다.

콘스탄티누스는 그리스도인들에게 호의적이었으며 자신의 승리를 기독교의 하나님 덕으로 돌렸다. 따라서 A.D. 313년에 그는 관용의 칙령을 반포했다. 기독교는 이제 합법 종교가 되었고 교회와 국가 사이의 유대가 강화되었다. A.D. 361-363년에 율리아누스(Julian) 황제로 인해 2년간 극심한 탄압이 있었으나 이후 4세기 말 무렵에는 로마 제국 내의 사람들에게 법으로 개종을 강요하는 매우 당혹스러운 일이 벌어지게 된다.

콘스탄티누스가 황제가 된 것은 긍정적인 면과 부정적인 면 모두에서 교회에 엄청난 변화를 가져왔다. 그때까지 교회는 국가의 공인을 받지 못하고 자주 탄압을 받는 가운데서도 살아남았고 또한 번성했다. 그런데 이제 그런 어려움은 다 끝이 났다. 교회는 공식적으로 환영받았고 많은 사람이 교회 안으로 홍수처럼 밀려 들어왔다. 그러나 제국의 호의가 사실은 제국의 박해보다 훨씬 치명적인 것으로 드러났다. 황제는 교회 내부의 일에 대해 참견하기 원했다. 실제로 A.D. 325년에 그 유명한 니케아 공의회를 황제가 주관했다. 새로운 교인들 중 다수는 누가 봐도 진정성이 없는 사람들이었다. 이들이 그리스도인에게 부합하는 믿음과 생활 방식도 없이 단지 이름만 교회에 걸어 두자 문제가 심각해졌다.

더욱이 기독교는, 콘스탄티누스가 그리스도의 이름으로 전쟁에서 승리한 이후 처음으로 전쟁과 결부 되었는데 이것은 불길하고도 광범위한 영향을 미치는 하나의 선례가 되었다. 신앙의 이와 같은 퇴행은 고통스러운 일이었고, 우리가 앞으로 살펴보게 되겠지만, 다른 무엇보다 수도원 공동체들의 타격으로 이어졌다. 한편, 이전에 로마가 점령했던 지역들로 이교도 부족들이 이주해 들어오면서 교회는 로마 제국이 쇠락해 가는 현실에 적응해야 했다. 교회는 이제 이 야만족들을 전도해 교회에 편입시켜야 하는 어려운 과제에 직면하게 되었다.

이렇게 변화되는 상황 가운데서 A.D. 3-4세기의 복음전도는 어떻게 수행되었을까? 세 가지 방식으로 이루어졌는데, 바로 평범한 그리스도인들과 주교들과 수도원들을 통한 전도였다.

평신도 증인들

데키우스 황제와 디오클레티안 황제 치하에서 끔찍한 박해가 자행되는 동안 적지 않은 그리스도인들이 위험을 벗어나고자 기독교 신앙을 버렸다. 하지만 대부분의 그리스도인들은 자신의 믿음을 지켰다. 오히려 박해는 용기 있는 남녀 그리스도인들, 특별히 여성들에게 믿음에 굳건히 서서 가능한 어디서든지 복음을 좇아 살겠다는 결의만 굳게 해 줄 따름이었다. 4세기 후반까지는 교회 건물들이 별로 없었다. 따라서 교회는 가정집에서 많이 모였고 심지어 길거리에서 모이기도 했다. 많은 그리스도인이 상업에 종사했는데 이들은 로마의 탁월한 도로 체계를 유용하게 사용할 수 있었다.

대부분의 평신도 그리스도인들은 대사명의 말씀을 계속 자신들의 전도 사명문으로 받아들였다. 많은 이가 그리스도의 재림이 임박했으며 따라서 시간이 별로 없다고 믿었다. 시대의 암울함은 복음전도의 긴급함만 더욱 강화해 줄 따름이었다. 집에서든지 시장에서든지 간에 남자들과 여자들, 심지어 어린아이들도 복음에 대해 이야기하기 바빴다. 무엇보다 기도가 제일 중요했다. 그리스도인들은 복음의 문이 열리기를 기도했으며 마침내 그 문이 열렸을 때 지체없이 들어갔다. 그들은 성령의 인도하심에 의지했다. 그들은 박해 속에서도 증오와 복수심에 휩싸여 자신들을 고문하는 사람들에게 계속해서 소망과 용서의 메시지를 전했다. 박해가 수그러들자 교회로 들어오는 많은 이가 명목상의 신앙을 가지게 되는 것과는 지극히 대조되는 행동이었다. 이와 같은 용기 있는 풀뿌리 전도 시도들은 대부분 콘스탄티누스의 통치 기간과 그 이후에도 계속된 것임에 틀림없다.

하나님의 은혜로 몇몇 정말 위대한 인물들이, 주로 전도에 대한 열정을 가진 주교들이 이 기간에 등장했다. 이것이 완전히 놀라운 일이 아닌 것은 복음이 처음부터 당대 지식인층에게 많이 전파되었기 때문이다. 기독교는 어떤 이들이 주장하는 것처럼, 단지 노예들과 상인들의 종교에 불과한 것이 결코 아니었다. 다소의 사울만 봐도 그렇다. 그는 자기 당대에 가장 똑똑한 지성인들 중에서도 스타의 자리에 있었던 사람이다. 고린도 시의 재무장관과 구브로의 총독도 그리스도인이었다. '외래 미신'을 따랐다는 이유로 A.D. 57년에 재판을 받았던 브리튼 총독의 아내인 폼포니아 그레시나(Pomponia Graecina)도 그리스도인이었다. 1세기 말경 원로원에서 높은 지위에 있었던 아킬레우스 글라브리오(Acilius Glabrio)와 플라비우스 클레멘스(Flavius Clemens)도 그리스도인이었다. 클레멘스의 아내 도미틸라(Domitilla)는 제국에서 가장 중요한 여성들 중 하나였다. 그녀는 도미티안 황제의 조카딸이자 그를 이어 황제가 된 두 아들의 어머니였다. 그녀역시 그리스도인이었는데 기독교 신앙 때문에 유배를 당했다. 기독교 역사의 이른 시기부터 순교자 유스티누스와 타티안, 알렉산드리아의 클레멘트, 오리게네스를 비롯한 수많은 지성인 신자들이 있었다. 따라서 박해가 수그러들자 로마 제국의 복음화를 위해 강력한 지도자들이 일어난 것은 놀라운 일이 아니다.

다섯 명의 전도하는 주교들

콘스탄티누스 이후의 세기에는 다섯 명의 저명한 주교들이 일어나 많은 이들을 믿음으로 인도했다.

그 중 한 명은 고트족의 사도로 알려진 울필라스(Ulfilas)다. 그는 A. D. 311년에 고트족에게 포로로 잡혀간 기독교 가정에서 태어나서 그들 가운데서 자랐다. 나중에 그는 주교가 되었고 루마니아(Romania)의 고트족 사람들과 함께 살면서 활발하게 선교

사역을 했다. 하지만 박해가 일어나서 할 수 없이 불가리아의 다뉴브강(도나우강) 남쪽으로 이주하게 되었으며 거기서도 선교 사역을 이어갔다. 그는 성경을 고트어로 번역했는데 이 번역 성경은 게르만어로 된 가장 오래된 문학 작품이다.

또 다른 저명한 주교는 투르의 마르틴(Martin of Tours)으로 울필라스와 동시대를 살았던 사람이다. 마르틴은 한 군대 장교의 아들로 오스트리아에서 태어났다. 그는 기병대 장교로 복무해야 했지만 이내 군대를 그만두었다. 그는 자기 어머니를 믿음으로 인도했지만 아버지는 그렇게 하지 못했다. 그는 수도원을 세웠지만 계속 은둔 수도사로 남아 있지 않았다. 그는 끊임없이 여행을 했고 복음을 전하고 귀신을 쫓아내는 사람으로서의 그의 평판은 골 지역 전역으로 퍼졌다. 그는 많은 사람을 믿음으로 인도했다. A.D. 371년에 대중의 칭송을 받아 투르의 주교로 선택되었는데 마지못해 이를 수락했지만 주교가 된 이후에도 계속해서 수도원에서 살았다. 하지만 그는 투르가 복음전도를 위한 최적의 센터가 될 수 있음을 발견하고 이교도들인 갈리아족을 복음화하기 위한 사역을 집중적으로 실시했다. 그의 겸손과 경건한 삶은 큰 영향을 미쳤다. 그리고 그의 명성은 브리튼까지 퍼져갔다. 브리튼에는 그의 이름을 딴 교회들이 몇 개 세워졌다. 그는 브리튼의 복음화에 큰 자극을 주었다.

세 번째 위대한 전도하는 주교는 밀란의 암브로스(Ambrose

of Milan)다. 그는 원래 북 이탈리아의 공직자였다. A.D. 373년 아주 경쟁이 치열했던 감독 선거 기간 동안 공공질서를 유지하는 것이 공직자로서 그가 했던 업무의 일부였다. 마치 교착 상태에 빠진 것 같았다. 그런데 그때 한 아이가 "암브로스를 주교로!" 하고 카랑카랑한 목소리로 외치자 군중들이 열정적으로 그 말을 따라했다. 그 당시 그는 아직 세례도 받지 않은 상태였다. 그래서 그는 일사천리로 그 자리에서 세례를 받고 안수를 받아 주교가 되었다. 그는 위대한 성경 주해가요 찬송의 작사가였으며 테오도시우스(Theodosius) 황제와도 폭넓게 교류했다. 그는 많은 사람을 그리스도께로 인도한 탁월한 설교자로 회자된다. 또 알프스 산에 사는 사람들에게 선교팀을 보내기도 했다. 그리고 아우구스티누스가 그리스도인이 된 것은 분명 부분적으로는 그의 지성적이고 힘 있는 설교를 통해서였다.

4세기 위대한 주교들 중 네 번째는 아우구스티누스(Augustine)인데 그는 아프리카인이었다. 그는 사도 바울과 요한 이래로 가장 뛰어난 기독교 사상가이자 저술가요 변증가로 부상했다. 그는 로마의 멸망이 임박하고 서고트족이 힙포에 다가오는 동안 《하나님의 도성》(The City of God)을 저술했다. 이 책은 이후 천년 동안 사람들에게 영감을 주고 소망을 주었다. 하지만 아우구스티누스가 저술한 책 중에서 가장 위대한 책은 가장 개인적인 내용을 담고 있는 《고백록》(Confessions)이다. 이 책에서 그는 경건한 어머니 모니카의 영향과 카르타고에서 보낸 방탕한 젊은 시절, 플라톤 철학과 마니교의 교리들로 씨름하던 일, 성경과 암브로스의 설교에 점점 더 이끌리게 된 일에 대해 기록한다. 그는 복음의 도전을 받으며 고뇌할 때 경험했던 영적인 고통과 회개하기 싫어했던 마음에 대해 말한다. 그리고 자신이 어느 날 정원에서 신약성경을 집어 들고 "낮과 같이 단정히 행하고 방탕하거나 술 취하지 말며 음란하거나 호색하지 말며 다투거나 시기하지 말고 오직 주 예수 그리스도로 옷 입고 정욕을 위하여 육신의 일을 도모하지 말라"(롬 13:13-14)라는 말씀을 읽었을 때, 이 성경의 명령이 천둥소리처럼 들린 일에 대해 말한다. 그는 그런 회심의 과정을 통해 그리스도께 돌아왔다. 아우구스티누스는 자신의 복음 설교에서 종종 그 일에 대해 언급했다.

아우구스티누스는 작은 수도원 하나를 세웠으며 A.D. 395년에 알제리에서 자신이 태어난 장소와 가까운 힙포의 주교가 되었다. 주교 직분을 30년 이상 유지했으며 설교와 저술, 경건한 삶을 통해 복음 전파에 엄청난 영향을 끼쳤다. 이 《고백록》이라는 놀라운 책이 우리에게 있다는 것은 축복이다. 이 책은 아우구스티누스로 하여금 그리스도를 믿게 만든 여러 요소들 곧 그의 소용돌이치는 부도덕한 인생 초년기와 지적인 여정과 성공, 내적 수치심과 고뇌, 성경의 영향, 어머니의 기도와 눈물, 암브로스의 설교, 친한 친구의 죽음 등과 같은 경험들을 고스란히 드러내 보여 준다. 이 모두가 A.D. 386년에 아우구스티누스가 그리스도께 헌신하는 자리에 이르게 하는 디딤돌이 되었다. 이 요소들은 분명 아우구스티누스와 동시대를 살았던 회심자들 대부분에게 찾을 수 있는 일들이었다. 또한 오늘날의 회심자들에게서도 자주 발견되는 요소들이기도 하다.

그러나 다른 무엇보다 이 요소들은 하나로 합쳐져서 아우구스티누스가 믿음을 가지기도 전에 하나님 은혜에 대해 자각할 수 있게 해 주었을 것이다. 이 소중한 진리가 사도 시대 이래로 기독교 복음전도에서 동면 상태에 들어가게 된 것 같다. 아우구스티누스는 인간의 죄성과 그리스도의 십자가, 인간들이 그 부르심에 반응하는 일을 꿈조차 꾸어 보기 훨씬 이전에 각 사람을 부르시는 하나님의 순전한 은혜(the sheer grace of God)에 대해 열정적으로 강조했다. 그는 가톨릭 교회와 종교개혁자들 모두가 감사한 마음으로 되돌아보게 되는 위대한 신학자였지만, 그의 삶과 사역에서 무엇보다 중요한 것은 죄인들을 향하신 하나님의 순전한 은혜에 대한 이와 같은 강조였다. 그리고 이 은혜야말로 기독교 복음의 핵심이다.

마지막으로 이 땅에 살았던 가장 위대한 설교자 중 한 명인 존 크리소스톰에 대해 잠시 살펴보자. 그는 A.D. 344년에 태어나서 407년에 죽었는데 이 기간 내내 고대 사회는 돌이킬 수 없을 만큼 큰 변화를 겪었다. 그는 2년 동안 은둔 수도사로 살려고 했지만 건강상의 문제로 그 생활을 포기했다. 그는 안디옥의 대표적인 설교자가 되었는데, 거기서 그는 시민들 사이에 엄청난 영향을 끼쳤다. 이 기간은 그의 인생에서 가장 행복한 때였다. 그는 A.D. 397년에 이제 로마 제국의 서편 수도가 된 콘스탄티노플에 강제로 붙잡혀 가서 콘스탄티노플의 주교가 되었다. 그는 수도인 콘스탄티노플에서 벌어지는 정치를 싫어했다. 하지만 열정적인 설교는 지속했는데 이 설교 때문에 그는 종종 곤경에 처하게 되었고 심지어 유배를 당하기까지 했다.

그는 잃어버린 영혼들을 불쌍히 여기는 마음이 컸다. 이런 마음은 그가 콘스탄티노플에서 주교로 일하던 첫 해에 아주 분명하게 드러났다. 그는 성직자를 변화시키고 교회가 운영하는 자선 기관들을 만들고 병원을 짓고 황실과의 관계를 유지하는 것을 가장 시급한 과제로 여겼다. 그러면서도 그는 주변 시골 지역 특히 고트족의 복음화를 위해 헌신했다. 그는 고트족이 사는 큰 식민 도시가 있던 흑해까지 선교사를 보냈다. 그는 이 거친 사람들 중 많은 이들을 그리스도께 인도했을 뿐 아니라, 그들 중에서 국가 성직자로 섬길 사람들을 찾아 그들이 갖춰야 할 자질들의 기초를 닦아 주었다.

설교자로서 그는 성경을 그 역사적 맥락을 충분히 살펴서 강해하고 적용하는 데 정성을 기울였다. 그는 "성경의 보화로 여러분을 먹이지 않고 하루를 보낼 수 없다"고 말했다. 존 크리소

스톰은 우리가 상상할 수 있는 가장 현대적인 두 도시에서 사역했는데, 그곳은 가난과 착취, 부도덕, 정치적 음모, 과시적인 부의 문제로 점철되어 있고, 교회는 오늘의 우리 교회처럼 미지근한 모습이었다. 그런 도시에서 목회할 때 그의 설교는 시의적절했고 두려움이 없었으며 매우 직설적이었다. 그는 부유한 여성들을 이렇게 나무랐다.

"여러분은 많은 물질이 어떻게 사람들을 제정신이 아니게 만드는지 알지 못합니까? 여러분 중에 은으로 만든 실내 변기를 사용하는 사람들은 부끄러운 줄 아십시오. 여기 추위와 굶주림으로 죽어가는 하나님의 형상으로 지음 받은 한 사람이 있는데 여러분은 자신을 위해 그런 것들까지 다 갖추고 있으니 말입니다! … 여러분은 자기 배설물을 은그릇에 받아낼 만큼 그것을 그렇게 귀하게 여깁니까? 이 말을 듣고 여러분이 충격을 받았을 수도 있겠습니다만, 정말 충격을 받아야 할 사람들은 바로 이와 같이 행동하는 여성들과 그들에게 맞춰 주는 남편들입니다. 나는 더 이상 그런 지나친 일을 가만히 두고 보지는 않을 것입니다"(*Homilies on Colossians* 7.250). 그가 남자들에게 하는 메시지도 들어보라.

"우리가 집안의 종들에게 은전을 맡기고 마지막 은전 한 잎까지 다 요구하듯이 하나님도 우리가 산 날들에 대해, 우리가 매일을 어떻게 사용했는지 회계하기를 요구하신다는 것을 여러분은 알지 못합니까? … 우리가 하나님 앞에서 회계할 때 무슨 핑계를 대겠습니까? 하나님은 여러분에게 그런 큰 집을, 그러니까 이 세상을 빌려 주셨는데 월세를 내지 않는다니요!"(*Against the Games and Theatres* 265-266).

그는 호소와 도전을 적절하게 섞는다. 지옥에 대해 말하기도 두려워하지 않는다. 그는 이렇게 말한다. "지옥에 대해 이야기하는 것을 여러분이 듣기 싫어한다는 것을 저도 잘 압니다. 맞습니다. 이 지옥은 생각하는 것조차 끔찍하며 마음을 고통스럽게 합니다. 제가 그것을 모르겠습니까? 저라고 여러분이 느끼는 그 감정을 못 느끼겠습니까? 저도 여러분처럼 지옥에 대해 생각만 해도 괴롭고 두근거립니다. 그리고 지옥이 정말로 있다는 것을 더 분명히 이해하면 할수록 더욱 두려움에 떨게 되고 움츠러들게 됩니다. 하지만 여러분과 제가 그 끔찍한 지옥에 떨어지지 않도록 저는 이런 것들을 말할 용기를 내야만 합니다!"(*Homily 9 on First Corinthians*).

이상이 콘스탄티누스의 관용의 칙령 이후에 일부 위대한 지도자들이 했던 강력한 설교의 예들이다. 기독교는 로마 제국이 우선시하는 종교가 되었고 복음전도자들은 이제 마음 놓고 자유롭게 설교할 수 있었다. 그러나 우리가 살펴본 것처럼 처음 2세기 동안에는 결코 그렇게 하지 못했다. 이레니우스가 리용 근처의 이교 부족들에게 적극적으로 전도하고 은사자 그레고리가

A.D. 240년경 네오가이사랴에서 엄청난 성공을 거두는 등 3세기의 일정 시기가 되기까지는 공적인 설교는 거의 불가능했다. 이레니우스가 주교가 되었을 때 그의 교회에는 17명의 교인만 있었는데, 그가 죽을 때는 그 도시에 이교도가 17명만 남아 있었다고 한다! 다소 과장된 면이 없지 않겠지만, 그의 복음전도는 분명 굉장히 열매가 많았다.

기독교 역사의 처음 두 세기 동안에 그리스도인들은 전반적으로 가정 전도(household evangelism)와 개인 전도에 초점을 맞췄다. 그리고 2세기 말경에는 안디옥과 알렉산드리아의 큰 기독교 학문의 중심지에서 복음전도 사역이 부상하게 되었다. 그레고리 자신은 알렉산드리아에서 학교를 운영했던 오리게네스의 능숙한 개인 전도를 통해 그리스도께로 인도함을 받았다. 그레고리와 오리게네스 모두 이 회심에 대해 이야기한다.

가정 전도의 경우, 커다란 로마식 집을 빌려서 대중에게 감시당하는 일을 피할 수 있는 큰 모임을 가졌는데, 비공식적인 분위기는 토론을 용이하게 했으며 이와 같은 종류의 복음전도가 특히 성공적으로 이루어지게 했다. 2세기 말 무렵에 저술된 *Clementine Recognitions*(클레멘서 교령집)에 가정 전도의 예들이 많이 나온다. 누군가 가정집에서 열리는 모임에 대해 듣고 문을 두드리면 "집 주인은 우리를 환영해 주었고 우리를 극장처럼 배열되고 잘 지어진 어떤 아파트로 인도했다. 우리가 밤중에 도착했는데, 꽤 많은 사람들이 거기서 우리를 기다리고 있었다"(38장). 하지만 콘스탄티누스가 즉위한 후로는 더 이상 비밀리에 모일 필요가 없었다. 그때부터는 대담하게 공적 장소에서 복음전도하는 방식이 생겨났다.

다섯 주교들과 같이 강력한 지도자들이 하는 공적인 설교는 콘스탄티누스 이후 교회가 팽창하는 데 엄청난 기여를 했다. 이 방법은 가정 전도와 개인 전도, 그리고 박해 가운데서도 믿음을 잃지 않은 그리스도인들의 용기 위에 세워졌다. 그리고 이 전도는 기독교가 로마 제국의 공식적인 종교가 된 이후 교회로 들어온 명목상의 신앙에 강력하게 대항했다. 그러나 많은 도움을 주었던 또 다른 요소가 있었다. 바로 수도원 운동(monasticism)의 시작이다.

수도원 운동

수도원 운동은 교인들 사이에서 도덕과 헌신이 퇴행된 것에 대한 반작용으로 시작되고 발전되었다. 이러한 퇴행은 콘스탄티누스 이후 대부분의 황제들이 교회에 베푼 호의에서 비롯된 것이다. 이 호의로 이제 기독교인이 되는 것이 정치적으로 편리한 일이 되었다. 그 결과 명목상의 신앙이 지배적인 신앙이 되었다.

새로 교회에 가입된 사람들은 자신들의 이교적 태도와 생활 방식을 그대로 유지했다. 이러한 상황으로 인해 헌신된 그리스도인들은 사막과 산과 같은 외딴 곳으로 나가서 보다 순수한 기독교를 추구하게 되었다.

수도원 운동은 이집트의 유명한 은둔자 성 안토니(St. Antony)를 통해 시작된 것으로 보인다. A.D. 285년에 그는 자기 재산을 모두 나눠 주고 사막으로 갔다. 나중에 그는 다른 은둔 수도자들과 함께 유무상통하는 생활 공동체를 만들려고 잠시 그 모습을 드러냈다가 다시 사막으로 돌아가서 설교와 거룩한 삶을 바탕으로 사람들에게 큰 영향을 미쳤다.

수도원 운동의 한 가지 주된 동기는 세상의 유혹과 교회의 부패로부터 벗어나는 것이었다. 수도원들은 천 년 동안 동로마와 서로마 모두에서 그 수가 엄청나게 늘어났다. 초기 수도사들은 보통 독거하는 금욕주의자들이었는데 어떤 이들은 심지어 기둥 꼭대기에서 혼자 살면서 찾아오는 사람들에게 말씀을 전했다. 하지만 점차 그들은 수도원 공동체들로 옮겨 갔다. 이 공동체들은 복음전도에 있어 매우 효과적이었다.

그리스도가 신성과 인성이라는 두 가지 구별되는 인격을 가지고 계신다고 주장하는 네스토리우스파의 영향을 점점 더 받게 된 동방 교회는 복음전도에 대한 열정이 뜨거웠는데 아제르바이젠과 아르메니아, 인도, 중국에 이르기까지 중앙 아시아 전역에서 복음을 전했다. 그들은 값비싼 대가를 들여서라도 복음을 전할 준비가 언제든지 되어 있었다. 이것은 주류의 가톨릭 교회, 특히 서로마 교회에서는 점점 더 보기 힘들게 된 일이었다. 물론 이 초창기 수도원들에는 긴장감이 존재했다. 수도사들은 한편으로 세상에서 도피하기를 원했지만 다른 한편으로는 세상을 복음화하기를 원했다. 그 결과 주변 지역에 있는 사람들을 그리스도께 인도할 목적으로 수도원들을 많이 세웠는데 수천 명이 이 방법을 통해 그리스도인이 되었다. 복음전도에 대한 이와 같은 열정이 식고 은혜의 개념을 잃고 공로를 얻는 것에 대해 강조하게 된 것은 중세 시대 교회의 불행한 퇴행이었다. 종교개혁이 일어나기 전까지 몇 세기 동안 많은 수도원들이 비록 계속해서 여행자들을 환대하고 일부 기본적인 의료적 돌봄을 제공하기는 했지만 갈수록 무지와 부도덕과 탐욕에 빠져들게 되었다.

이 수도사들 중 일부가 했던 강력한 복음전도 설교의 한 예를 소개하자면 다음과 같다. 4세기 초에 살았던 이집트의 성 마카리우스(Macarius)의 *Spiritual Homilies*(영적 설교들)에 나오는 내용이다. 이는 평범한 그리스도을 향한, 단순한 성경적 설교다. "혈루증을 앓고 있는 여인은 정말로 믿고 주님의 옷자락을 만졌을 때 즉시 자신이 나은 것을 알았습니다. 그리고 그녀의 혈루의 근원이 말랐습니다. 이와 같이 불치의 죄의 상처, 곧 더럽고 악한 생각들이 흘러나오는 샘을 가진 모든 사람은 그리스도께 나아와 참 믿음을 가지고 기도하면 그 고칠 수 없는 욕정의 샘에서 구원받고 치유함을 얻습니다. … 오직 예수의 능력을 통해서만 죄의 근원이 마를 수 있습니다. 다른 어떤 것도 이 상처를 치유하지 못합니다. … 예수님은 오셔서 이 세상의 죄를 지고 가셨습니다. 그리고 그 혈루병으로 고통 당하던 여인은, 자기 병을 고칠 수 있다고 장담하는 사람들에게 자기가 가진 모든 것을 다 썼지만, 그녀가 주님께 와서 믿음으로 그분의 옷자락을 만지기 전까지 아무에게도 고침을 받지 못했습니다." 그는 계속해서 주장한다. "인간을 아무 대가 없이 치유하시고 인간을 위해 자기 자신을 대속물로 주신 참 의사 되신 주님이 오시기까지는 우리 인간은 아무도 그 병에서 고침 받지 못했습니다. 오직 주님만이 영혼을 구원하시고 치유하시는 큰 일을 이루셨습니다. 주님은 영혼을 속박에서 놓아 해방시키시고 어둠에서 이끌어 내셨으며 자신의 빛을 비추심으로 그 영혼을 영화롭게 하셨습니다"(homily 20).

물론 이 메시지는 그에 합당한 반응이 필요한데 마카리우스는 이 점을 지체 없이 강조한다. 구원의 또 다른 패러다임으로 그가 사용했던 앞 못보는 사람을 언급하면서 그는 이렇게 결론을 맺는다. "앞 못 보는 사람이 소리를 지르지 않았더라면, 병으로 고생하는 여인이 주께로 오지 않았더라면, 그들은 치유함을 받지 못했을 것입니다. 마찬가지로 우리가 자유의지를 가지고,

온 맘을 다해, 진지하게, 믿음의 확신을 가지고 주님께 간구하지 않는다면 치유함을 받지 못할 것입니다."

여러 면에서 사도들의 메시지에서 의미 심장한 방식으로 이탈했던 4세기에도 여전히 이런 종류의 설교를 찾아볼 수 있었다는 것은 생각만 해도 감동이 된다. 이와 같은 특징의 복음전도가 3, 4세기에 셀 수 없이 많은 사람들을 믿음으로 이끌 수 있었다는 사실에는 의심의 여지가 없다. 스타크(Stark)와 같은 사회 과학자들은 A.D. 약 350년경에는 3천만 명 정도의 그리스도인이 있었을 것이라고 추정한다. 이는 로마 제국 인구의 약 절반 정도에 해당된다.

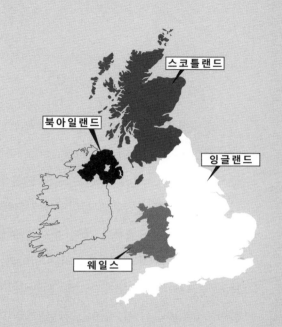

스코틀랜드

북아일랜드

잉글랜드

웨일스

5

6-7세기 켈트족
복음전도
_ 세인트 패트릭

로마를 넘어 토착화 전도를 통해 영국이 복음화되다

우리가 오늘날 켈트 기독교라고 부르는 고대 기독교의 가장 대표적인 인물로 단연 세인트 패트릭(Saint Patrick A.D. 389-461)을 들 수 있다. 그는 영국 본토의 잉글랜드의 한 집사의 아들로 태어나 열여섯 살 때 아일랜드 침입자들에 의해 포로로 잡혀갔다. 그는 노예가 되어 아일랜드 섬의 북서부에 있는 메이요 주(County Mayo)로 보내진 것 같다. 패트릭은 영국의 켈트족(인도 유럽어족의 한 일파로 고대 유럽의 정복자였다)에 속해 있었지만 로마 시민이기도 했다. 그리고 그의 제1 언어는 라틴어였던 것으로 보인다.

패트릭은 드루이드족 부족장의 노예가 되어 소를 키우며 생활했다. 그 기간 동안 그는 으레 또래의 십대들이 보이는 전통적 기독교 신앙에 대한 무관심에서 벗어날 수 있었다. 그는 자연 속에서 하나님을 느꼈고 거친 아일랜드인들에 대해서도 더 많이 이해하게 되었다. 그는 하나님께 더 많이 기도했으며 헌신된 그리스도인이 되었다. 패트릭은 심지어 자기를 포로로 잡아 온 사람들조차 사랑할 수 있게 되었다.

어느 날 패트릭은 꿈을 통해 "너는 집으로 돌아갈 것이다!"라는 하늘의 음성을 들었다. 그는 포로 생활을 끝내고 고향인 영국 본토 브리튼으로 돌아가기로 결심했다. 그의 그다음 25년의 행보에 대해선 잘 알려져 있지 않다. 하지만 그는 갈리아(Gallia, 고대 로마인이 갈리아인이라고 부르던 사람들(켈트족)이 살던 지역) 지방, 아마도 투르의 마르틴 수도원에서 얼마 동안의 시간을 보냈던 것 같다. 시간이 흘러 48세의 패트릭은 다시 한 번 꿈속에서 부르심의 음성을 듣는다. "거룩한 종이여, 우리에게 다시 와서 살기를 부탁드립니다." 그는 아일랜드로 돌아가 그들의 첫 번째 주교가 되었고 남은 여생을 그 섬에서 보냈다. 놀랍도록 창의적이었으며 오늘날까지도 아일랜드에 큰 영향을 끼치고 있는 패트릭의 사역은 이렇게 시작되었다.

마을이나 정비된 도로 체계 없이 여러 작은 부족으로 나뉘어 있으며, 인구가 50만 명도 채 되지 않던 아일랜드는 같은 뿌리의 언어와 문화를 가지고 있었다. 패트릭은 이곳에서 노예로 살면서 가졌던 경험 때문에 아일랜드인들을 이해했다. 아일랜드인들을 대하는 패트릭의 접근은 현명했다. 그는 홀로 사역하지 않았다. 그는 주로 평신도들로 구성된 팀을 데리고 나갔다. 그는 이미 라오그해어 대왕(High King Laoghaire)의 호의를 얻었기에 그 지역의 부족장이나 '왕'과 접촉할 기회가 있었다. 패트릭이 모은 팀은 마을에서 가까운 곳에 캠프를 만들고 야외에서 말씀을 전했다. 그들은 병든 사람과 귀신 들린 사람들을 위해 기도하며 시와 노래, 시각적 상징물들을 활용했다.

문자 시대 이전의 구전 문화 안에서는 토론을 많이 했다. 선교사들은 가능한 켈트족이 본래 가지고 있는 특징적인 면들을 인정하고 그것들 위에 신앙을 세우고자 했다. 예컨대 신비에 대한 인식, 하나님과의 친밀함에 대한 감각, 내세에 대한 믿음, 숫자 3에 매료됨 같은 특징들이다. 특히 숫자 3을 특별하게 생각하는 켈트족의 배경 안에서 켈트 기독교는 삼위일체를 매우 강조하게 된다. 복음은 완전히 새로운 어떤 것이 아닌, 그들의 토속 문화를 바탕으로 가장 좋은 것의 성취로 제시되었다.

선교팀은 몇 주 혹은 수개월 동안도 한 지역에서 머물렀는데, 복음에 대한 응답이 있을 경우에는 족장에게 나무로 교회를 지을 수 있는 땅을 요청했다. 사역이 진행된 여러 해 동안 패트릭의 선교팀은 약 700여 개의 교회를 세웠다. 일단 교회가 세워지면 패트릭은 사제 중 한 사람을 목양을 위해 남겨 두고 다른 곳으로 이동했다. 팀 전도는 사람들을 끄는 힘이 있었으며 매우 효과적이었다. 패트릭은 죽을 때까지 이와 같은 선교를 계속해 나갔다.

패트릭이 이끈 켈트족 전도에는 몇 가지 두드러진 특징이 있다. 첫째, 로마 기독교는 교회가 하나의 기관이 되어 갔던 것에 반해, 패트릭이 세운 켈트족의 교회는 기관이라기보다 하나의 유연한 운동으로 자리잡았다. 켈트족의 교회는 성직자보다 평신도 사역을 더 많이 의지했고, 유럽 곳곳에서 늘어나던 도시 교회들보다 자연에 훨씬 더 가까웠다. 켈트족의 교회는 영적인 면만이 아니라 삶 전체를 포괄하는 듯 보였다. 또한 하나님의 초월성보다는 하나님의 내재하심에 더욱 초점을 맞췄다.

패트릭은 공동체적 삶을 중요하게 여겼다. 수도원이라는 기독교 최상의 전통은 공동체의 삶이 얼마나 풍성한 열매를 맺게 하는지를 발견하게 해 주었다. 하지만 켈트족의 공동체는 세상으로부터의 도피처라기보다 주변 지역 선교를 위한 교두보에 가까웠다. 켈트 수도원들 안에 수도사들이 일부 있었던 것은 맞지만 대부분은 평신도들과 농부들, 기술자들과 가족들이었다. 그들의 하루 일과는 예배와 노동, 성경 연구로 이루어졌다. 이 수도원들은 경건한 사람들로 넘쳐나는 고립된 금욕주의적 공동체가 아니었다. 그곳은 생명력과 시끌벅적한 소리와 창의성으로 가득한, 평신도들로 이루어진 네트워크였다. 켈트족의 공동체가 무척 매력적이었다는 사실은 이곳 '수도원들' 가운데 어떤 곳은 신도들의 수가 수백 명에 달했다는 사실에서도 알 수 있다.

조지 헌터(George Hunter)는 *The Celtic Way of Evangelism*(켈트식 전도)이라는 책에서 로마식 전도와 켈트식 전도 사이에 몇 가지 흥미로운 대조점들이 있다고 말한다. '로마식' 모델이 야만 민족들을 무시했다는 그의 주장은 잘못되었지만, 그 당시의 복음 전도가 오늘날의 복음주의 진영과 유사하게 먼저 메시지를 전하고, 결신 초청을 하고, 세례를 베풀고, 성도의 교제에 들어가게 한 것이라는 그의 지적은 옳다. 그런데 켈트식 접근은 이와는 매우 달랐다. 그들은 먼저 사람들과 친밀한 관계를 만들어 공동체 안에서 편안함을 느끼게 한 다음 대화와 토론, 기도와 예배에 참여하게 이끌었다. 그리고 그들이 삼투적 현상에 의해 그리스도께 이끌림을 받는 것을 볼 때 회개와 믿음과 세례를 통해 그리스도께 헌신하도록 그들을 초청했다.

서구 교회의 일반적인 복음전도 방법으로 오늘날까지 여전히 사용되는 첫 번째 모델은 선포로 시작해 결단을 이끌어 내는 것을 목표로 삼고, 그런 다음 새 회심자들을 성도의 교제로 이끄는 것이다. 반면 켈트식 모델은 이와 반대이다. 그들은 교제로부터 시작해 사역과 대화로 나아가고 믿음과 헌신의 초청에 이른다. 우리는 여기에서 중요한 점을 발견할 수 있는데, 존 피니(John Finney)가 *Finding Faith Today*(이 시대에 믿음 가지기)라는 연구서에서 밝힌 데 따르면, 많은 이들에게 있어 소속되는 것(belonging)이 믿는 것(believing)보다 먼저라는 사실이다. 패트릭은 어쩌면 기독교 역사상 가장 먼저 이 사실을 발견한 사람인지도 모른다.

신자들은 이 개방형 수도원들에서 양육을 받았으며 이후에 다른 부족들에게 믿음을 전하기 시작했다. 이 생기 넘치는 공동체들에서 파송된 선교팀들은 독특한 스타일이 있었다. 그들은 노래와 시, 상상력, 자연을 사랑하는 아일랜드 문화의 길을 좇았다. 그 당시 복음전도는, 지금도 많은 경우 그러하지만 논리와 개념, 언어와 추상화, 이성적 논증이라는 좌뇌에 호소했다. 하지만 고대의 아일랜드에서와 같이 오늘날 많은 사람들은 직관, 감정, 상상력, 예술, 음악, 시, 경험과 같은 우뇌의 기능에 호소할 때 더 크게 반응한다. 이것이 바로 패트릭이 독창적으로 시도해 큰 성공을 거둔 켈트족의 복음전도 방식이었다.

드루이드들(the Druids, 고대 갈리아족의 드루이드교 사제들 - 역주)은 오랫동안 아일랜드의 전통적 종교 지도자들이었지만 복음의 영향력이 커질수록 그들의 힘은 점점 약화되었다. 드루이드들은 은밀한 마술에 상당히 의존했는데 켈트 기독교에 신비적이고 마술적인 요소가 두드러지는 것은 그리스도의 힘에 의해 정복당한 이교적 드루이드교의 잔재가 부분적으로 남아 있기 때문이다. "세인트 패트릭의 흉판"(St. Patrick's breastplate)이라는 고대 찬송은 패트릭이 지은 곡으로 알려져 있는데, 이러한 점을 보여 주는 예다. "나는 오늘 삼위일체의 강력한 이름을 나 자신에게 붙들어 멘다"라는 가사는 삼위일체의 이름이 온갖 종류의 악을 물리치는 매우 강력한 주문으로 사용되었음을 시사한다. 이것은 패트릭과 그의 동료들이 어떻게 아일랜드 사람들의 마음을 꿰뚫고 우리가 '문화적 상관성'이라 부르는 개념을 따라 - 그들은 이미 이 개념을 이해하고 있었다 - 복음을 전했는지를 보여 주는 단지 하나의 예에 불과하다.

패트릭이라는 이 매력적이고 겸손한 인물을 중심으로 셀 수도 없는 많은 전설들이 만들어졌다. 하지만 F. F. 브루스(Bruce)

교수가 *The Spreading Flame*(불꽃을 퍼트리기)라는 책에서 묘사한 것처럼, "패트릭의 진짜 위대함은 이러한 보조 장치가 없이도 충분히 인상적이다. 정치적으로 로마 제국에 속한 적이 없었던 땅을 제국의 문화권 내에, 그리고 기독교 신앙의 궤도 안으로 가져다 놓은 것이 바로 패트릭이었다. 그가 너무나 좋은 목적을 가지고 그렇게 했기 때문에, 심지어 그가 죽기 전부터 시작된 어둠이 서유럽의 많은 지역들을 드리우게 되었을 때에도 참 빛이 성도들과 학자들의 섬에서 계속 밝게 타올랐다. 패트릭이 가져온 불은 거기에만 머물지 않았고 다른 곳으로도 옮겨가 이미 꺼져 버린 등불들을 다시 타오르게 했다."

스코틀랜드 대부분을 전도한 콜룸바

켈트 기독교 운동은 계속해서 선교사들을 아일랜드의 부족들에게로 보냈고, 그 부족들과 함께 살며 자신들의 공동체 생활에 참여하도록 초청했으며, 새로운 교회들을 성장시켰다. 그리고 이 교회들이 다시 선교팀들을 파송했다. 이런 전도 방식을 통해 패트릭이 죽은 지 한 세기가 지나지 않은 시점에서 아일랜드인의 대부분이 그리스도인이 되었다.

켈트 기독교 운동은 이제 눈을 돌려 더 넓은 지평으로 향했다. A.D. 563년에 강력한 지도자 콜룸바(Columba)와 상당한 규모의 선교팀이 아일랜드를 떠나 스코틀랜드 서해안에 있는 아이오나(Iona) 섬에 도착했다. 이 섬은 북부 픽트 사람들(Picts, 북 브리튼 지역에 거주하던 고대인들 - 역주)에게 복음을 전하고 다시 남부 픽트 사람들을 전도할 때 그들의 본부 역할을 할 수 있었다. 픽트 사람들 중 일부는 더 이른 시기, 그러니까 4세기 후반과 5세기 초반에 살았던 로마 몰드(Roman mold)의 지도자인 니니안(Ninian)에게서 복음을 전해 받았다. 이들은 하드리안의 벽 바로 북쪽에 살던 부분적으로 로마화된 픽트 사람들에게 전도하기 시작했다. 패트릭에 의하면, 이들은 그의 시대에 이르러서는 '배교자'들이 되어 있었다.

베데(Bede)는, 로마에서 훈련받았던 니니안이 와이트혼(Whitehorn)에 본부를 두고 로마인들처럼 석조 교회를 세웠다고 말한다. 이는 아일랜드 켈트족이 나무로 혹은 윗가지를 엮은 것에 진흙을 입혀 교회를 짓는 것과는 매우 다른 방식이었다. 남부 픽트 사람들이 복음에서 떨어져 나간 것은 니니안이 소개한 기독교가 너무 로마적이었기에, 다시 말해 스코틀랜드의 문화에는 너무나 낯설었기 때문은 아니었을까? 어쨌든 이들은 콜룸바의 지도 아래서 아일랜드 켈트족에 의해 다시 복음화되었다. 콜룸바가 의도한 것은 지역 문화의 흐름에 따라 진정으로 토착 교회를 세우는 것이었다. 한 세기가 지나지 않아 스코틀랜드의 대부분이 켈트족의 선교를 통해 그리스도를 믿게 되었다.

선교팀으로 유럽 대륙 전도를 한 에이든과 콜롬바누스

에이든(Aidan)은 또 다른 대담한 켈트족 선교의 선구자였다.
그는 잉글랜드 북동부 해안에 있는 린디스판(Lindisfarne) 섬에 수
도원 공동체를 세우려고 아이오나에서 출발했다. 7세기초 잉글
랜드에는 앵글족과 유트족, 색슨족과 기타 대륙에서 온 사람들의
무리가 위세를 떨치고 있었다. 에이든과 그의 동료들은 대부분
아일랜드 사람이었는데 그들은 교차 문화적 선교를 시작했다.

패트릭과 콜롬바의 본을 따라 그들은 열린 수도원 공동체
수를 늘려 갔으며, 이 공동체들을 사용해 선교팀들을 양육해 파
송하고 다른 곳에서도 이러한 과정을 반복하였다. 그 일은 어려
웠지만 결국에는 성과를 나타낸다. 잉글랜드 북쪽에서 활약한
에이든과 그의 선교팀들은 A. D. 597년에 교황에 의해 선교사 주
교로 보내진 켄트의 아우구스티누스보다 훨씬 더 많은 성과를
거두었다. 에이든은 좀 더 보수적이고 로마적인 기독교를 전했
다. 그들의 전도 방법은 왕을 먼저 믿게 한 후 보통 사람들에게
로 내려가는 방식이었다. 이것은 주로 보통 사람들에게 초점을
맞추는 켈트 선교 전략과는 상반되는 것이었다.

비슷한 시기인 A. D. 600년에 또 다른 아일랜드 지도자 콜룸바누스(Columbanus)와 그의 팀이 유럽 대륙 전도를 시작했다. 이들은 프랑스와 스위스, 오스트리아, 독일, 이탈리아까지 영향을 미치며 놀라운 복음 운동을 시작했다. 이처럼 여러 세대에 걸친 꾸준한 토착화 선교를 통해 이 아일랜드의 켈트족은 유럽 복음화에 상당히 기여했다. 이러한 결과들을 보며 한때 패트릭을 아일랜드로 가게 요청했던 브리튼의 교회가 기뻐했을 거라고 생각할지도 모르겠다. 하지만 그렇지 않았다. 오히려 브리튼의 교회는 켈트 기독교인들이 로마 교회의 방식을 충분히 따르지 않는다고 거듭 비판했다. 이러한 비난은 A. D. 664년에 있었던 위트비 종교회의(Synod of Whitby)에서 그 정점에 달했다.

이 회의에서 로마에 충성하는 기독교 지도자들이 켈트 기독교 지도자들과 두 가지 피상적인 이슈를 가지고 격돌했다. 곧 그들은 탁발의 모양과 다른 계산법을 사용해 부활절 날짜를 지키는 문제를 가지고 켈트 기독교 지도자들을 격렬하게 비난했다. 그러나 진짜 이유는 물론, 가톨릭 그리스도인들이 켈트족의 토착화 방식을 받아들이기를 꺼려하고 통제권을 지키기를 고집했기 때문이었다. 가톨릭 그리스도인들은 로마에 대한 충성과 예배 언어로 라틴어를 사용할 것, 또 신앙을 고백한 사람들에게 로마의 문화적 방식들을 주입하는 것을 강조했다. 그들의 승리는 사실상 켈트 기독교의 종말을 의미했다.

켈트 그리스도인들에게는 로마 가톨릭의 중앙 조직에 필적할 만한 유력한 조직이 없었다. 그들은 어쩔 수 없이 복종하든가 추방되어야 했으며, 그 후에는 로마 기독교가 그 자리를 차지해 버렸다. 이것은 비극이었다. 로마 기독교는 켈트 그리스도인들의 자연스러운 사역 방식과 놀라운 상상력, 문화적 감수성을 짓밟아 버렸고, 토착민들에게 복음을 전하는 데 별 기여를 하지 못했던 로마식 수도원들을 세워 나갔다. 그런데 이 수도원들은 중세 시대에 가서는 종교개혁자들의 저항을 야기했던 부실 관리와 탐욕, 부도덕 문제에 빠지고 만다.

켈트 기독교의 강점들

우리는 켈트 기독교의 여러 측면들에서 깊은 인상을 받는다. 켈트 그리스도인들은 새로운 것을 시도하기를 두려워하지 않았다. 그들의 선교적 접근에는 편안함과 유연성이 있었다. 그들은 늘 팀으로 일했다. 수도원에서의 양육을 지속적인 선교 사역과 연계시켰다. 그들은 선교팀들을 통한 전도의 위력을 믿었다. 그들은 토착 문화를 이해하고 복음을 보통 사람들이 이해할 수 있도록 해석해야 할 필요를 강조했다. 그들에게는 평범한 사람들에 대한 애정이 있었다. 그들은 자연에 대한 대단한 존경심을 가지고 있었고 그들의 전도는 영적인 측면만 아니라 창조와 구속을 포괄하는 전인적인 측면에 대한 것이었다. 그들은 유명한 켈트 매듭과 켈트 십자가 같은 시각적이고 예술적인 상징물들을 사용했다. 그들은 개인적인 사역보다 공동체가 복음전도에 끼치는 영향의 진가를 알아봤다. 그들은 종종 자원이 충분하지 못한 상황에서도 전도에 대한 열정을 잃지 않았다.

켈트 그리스도인들은 선교적이기보다 제도적(institutional)이었던 그 당시 교단들의 모습과 매우 대조적이다. 이것은 오늘날도 마찬가지다. 켈트 그리스도인들은 토착민들에게 복음을 효과적으로 전하기 위해서는 로마 문화로 문명화할 필요가 있다고 보는 제국의 견해를 받아들이지 않았다. 켈트인들은 토착민들에게 직접 찾아가 그들이 가치 있게 여기는 방식으로 복음을 전하기 위해 노력하고 부족의 사고방식을 이해하려고 애썼다. 그들은 자신들이 믿는 기독교를 사람들에게 주입시키려고 하기보다 사람들이 자신들의 삶에서 진정성과 영성을 보고 느끼며, 적당한 시기가 될 때 자연스럽게 기독교를 받아들이도록 이끌었다.

조지 헌터는 *The Celtic Way of Evangelism*(켈트식 전도)이라는 책에서 우리의 포스트모던 문화가 고대 아일랜드의 야만 문화와 어우러질 수 있는 여러 방식들을 지적했다. 그는 다음과 같은 놀라운 통찰을 전한다. "전형적인 교회는 세월이 가고 또 가도 두 종류의 사람들을 무시한다. 곧 우리에 대해 편안하게 느낄

만큼 '정제'되지 못한 사람들과 우리가 편안하게 느끼기에는 너무 '통제 불능인' 사람들이다." 헌터는 자신이 사는 북미 지역의 몇몇 공동체들이 전통적인 교회 모델을 버리고 고대 켈트의 성도들이 걸었던 따뜻하고 직관적이며 문화를 창의적으로 활용하는 방식들을 제시한다. 켈트 그리스도인들은 확실히 우리에게 많은 것들을 가르쳐 준다.

6

5-15세기 중세시대
복음전도
_ 존 위클리프

라틴어가 아닌 보통 사람의 언어로 복음을 전하다

'암흑 시대'로 불려 마땅한 중세 시대는 복음전도와 관련하여 딱히 기릴 만한 것이 없다. 로마 가톨릭 교회의 전도는 사람들을 설득하거나 강요하여 세례받게 하는 것이었다. 세례가 교회로 들어가는 관문으로 간주되었기 때문이다. 오직 교회만이 사람들에게 구원을 가져다 줄 수 있었다. 예배는 아주 형식적이었고 종종 라틴어를 거의 읽을 줄 모르는 사제들이 이해 못하는 회중들에게 중얼거리는 식으로 드려졌다. 가장 핵심적인 예배 행위는 미사였는데, 이 미사에서 그리스도께서 세상의 죄를 위해 빵과 포도주 모습을 가지고 다시 제사로 드려졌다. 성경은 중요하게 생각되지 않았다. 성경은 라틴어로만 쓰여 있었고 사람들은 이 언어를 거의 알지 못했다. 성도들은 성경을 읽을 수 없었기 때문에 스테인드글라스에 그려진 복음서의 몇몇 이야기들만 알아볼 정도였다.

성인들의 유물은 거의 마법의 부적과 같이 대단하게 떠받들어졌다. 천국과 지옥은 사후에 그리스도인들이 살면서 행한 악이 고통을 통해 정화되는 연옥과 더불어 교회의 가르침의 핵심이 되었다. 하지만 영혼을 위해 드려지는 미사를 위해 돈을 낼 수 있다면 그 사람은 연옥에 있는 시간을 최소화할 수 있었다.

면죄부가 판매되었는데 이 또한 연옥에서의 시간을 줄여 주는 것으로 생각되었다. 중세 시기 동안 교회는 점점 더 부패해 갔다. 교황은 영적 권력뿐만 아니라 현세적 권력도 행사했다. 그는 군대를 가졌으며 교회에서 절대적인 권력을 누렸다. 일부 교황은 공공연히 자기 정부(mistresses)와 함께 살았고 사생아를 낳았다. 이런 관행은 사제들에게도 예외가 아니어서 사제들 중에도 독신으로 살기로 서원하고도 수녀나 지역 여인들과 동거하는 이들이 있었다. 성직자들은 교회의 요직들을 차지하기 위해 경쟁했는데 이 중요한 자리들은 종종 최고 입찰자에게 팔렸다. 그리고 수도원은 부도덕의 소굴이었다. 참으로 암흑의 날들이었다.

그럼에도 불구하고 교회의 부패에 맞서고, 신약성경이 가르치는 생활 방식을 지지하며, 대담하게 복음을 전했던 사람들이 있었다. 이들 중에서 각기 다른 나라 출신의 세 사람을 살펴보자. 이들은 성경에서 근본적으로 이탈한 교회의 한가운데에 서서 복음을 선포하고, 암흑의 시대 속에서 복음의 삶을 살기 위해 애쓰는 것이 어떤 것인지 우리에게 교훈해 준다.

자발적 가난을 선택한 피터 왈도

첫 번째로 소개할 사람은 피터 왈도(Peter Waldo)다. 우리는 그의 삶에 대해 충분히 알지 못한다. 하지만 그가 A. D. 1170년에 그리스도와 깊은 만남을 가지기 전까지 남부 프랑스의 리용(Lyons)에서 살던 부유한 상인이었던 것은 분명하다. 그리스도와의 만남을 통해 그는 재산을 복음 선포의 주요 장애물로 여기게 되었다. 그는 예수님이 자기 같은 부자에게 하신 말씀에 깊은 감명을 받았다. "네가 온전하고자 할진대 가서 네 소유를 팔아 가난한 자들에게 주라 그리하면 하늘에서 보화가 네게 있으리라"(마 19:21). 그는 이 말씀을 문자 그대로 받아들이고 자기 아내와 아이들을 위한 재정만 준비한 다음, 나머지 재산은 가난한 자들에게 모두 나눠 주었다. 두말할 나위도 없이 이 일은 엄청난 영향을 미쳤다.

왈도가 남부 프랑스의 마을들을 다니면서 복음을 전할 때 다른 이들도 동참해서 자기 재산을 내놓았다. 이들은 '리용의 가난한 자들'(the Poor Men of Lyons)로 알려지게 되었다. 교회는 처음에는 이 놀라운 현상을 긍정적으로 바라보았다. 그리고 왈도는 교황의 환영을 받았으며 지역의 사제들과 주교들의 호의를 확보하는 것을 전제로 설교하는 것도 허락받았다. 하지만 이것은 왈도가 따를 수 있는 조건이 아니었다.

왈도와 그와 함께한 사람들은 어디를 가든지 가난한 자들을 매료시켰다. 하지만 그들의 성경적이고 단순한 생활 방식과 교회 지도자들의 사치스러운 생활 방식은 그대로 두고 보기에는 그 차이가 너무나도 극명했다. 결국 그들은 1184년에 베로나 공의회(Council of Verona)에서 출교를 당했다. 그 후에는 박해가 이어졌고, 어떤 곳에서는 잔인한 일들이 자행되었다. 이와 같은 박해는 몇 세기 동안 지속되었다. 2015년이 되어서야 교황은 왈도파에게 로마 가톨릭 교회가 그들에게 자행했던 끔찍한 일들에 대해 사과를 표명했다.

그들이 대단한 영향을 끼친 것은 놀라운 일이 아니다. 그들은 대부분 평신도들이었고 라틴어가 아닌 평범한 사람들의 언어로 설교했다. 그들은 성경을 강해했는데, 이것은 그 당시에는 거의 알려지지 않은 일이었다. 사실 왈도는 성경을 대중의 언어로 번역한 첫 번째 유럽 사람으로 인정받는다. 그와 그의 추종자들은 성경의 많은 부분들을 암송했는데 이 때문에 그들의 설교는 더욱 큰 영향력을 가질 수 있었다. 그들은 당대의 가톨릭 교회가 무시했던 가난한 사람들에게 복음을 전하는 일에 심혈을 기울였다. 그들은 자발적으로 가난을 택했으며, 그들과 거의 동시대 인물인 아시시의 프란체스코(Francis of Assisi, 1181-1226)처럼 복음을 듣는 사람들이 공급해 주는 자원으로 살았다. 프란체스코의 삶과 마찬가지로 이들 역시 그 삶의 증거가 말의 증거보다 훨씬 더 힘이 있었다.

왈도와 그의 추종자들의 가르침은 주목할 만했다. 긍정적 측면에서 보자면, 그들의 가르침은 성경의 중심과 인간의 타락,

예수님을 통해 얻는 완전한 속죄, 그분을 믿어야 할 필요성을 인정했다. 그들은 가난을 매우 가치 있게 여겼으며 남자에게나 여자에게 모두 똑같이 복음을 전하는 일의 중요성을 강조했다. 다른 한편으로 그들은 성인들의 유물을 가짜로 여기면서 반대했다. 성수 역시 다른 물보다 더 나을 것이 없다고 여기며 반대했다. 산 자와 죽은 자를 위한 미사도 반대했다. 그리고 성지 순례와 하나님 앞에서 공덕을 쌓으려는 다른 시도들도 반대했다. 헛간에서 드리는 기도가 교회 예배당에서 드리는 기도만큼이나 합당한 기도라는 점 역시 분명히 했다. 나중에 가서는 그들은 가톨릭 교회의 부패에 너무나 충격을 받은 나머지 가톨릭 교회를 계시록의 음녀라고 부르기까지 했다.

왈도는 "빛은 어둠 속에서 빛난다"(Lux lucet in tenebris)를 신조로 삼았는데, 이것은 아주 적절한 표현이었다. 그들은 자신들을 포위하고 있는 영적인 어둠 한가운데서 밝게 빛났다. 아주 단순한 삶을 살았으며 성경, 특히 산상수훈을 설교했다. 그들은 듣기를 원하는 모든 사람에게 복음을 선포했다. 그들은 가난하고 소외된 사람들에게 집중했으며 사람들이 이해하는 평범한 언어로 복음의 메시지를 전했다. 그들은 후대의 개혁 그룹들에 영향을 미쳤고 여러 면에서 종교개혁의 선구자가 되었다.

성경의 권위와 능력을 확신한 존 위클리프

피터 왈도로부터 150년이 훨씬 지나서 존 위클리프(1320-1384)가 다소 비슷한 길을 걸었다. 그는 조용한 성격의 저명한 옥스포드 교수이자 베일럴칼리지(Balliol College)의 학장이었고 인정받는 신학자이자 철학자였다. 하지만 교회 개혁을 위해 헌신한 그의 생의 마지막 10년에 이르기까지 그는 거의 주목을 받지 못했다. 그가 변화를 겪은 것은 아마도 1373년에 그가 아비뇽(Avignon)에 있는 교황을 방문하고 나서부터였을 것이다. 존 위클리프는 그곳에서 본 교회의 사치와 부패 때문에 큰 충격을 받았다. 아무튼 이때부터 그는 복음전도자들을 파송하기 시작했다.

위클리프가 가난한 사제들(Poor Priests)이라고 불렀고 일반적으로는 롤라드파(Lollards)로 알려진 이 사람들은 아주 단순한 삶을 사는 순회 설교자들이었다. 이들은 갈색 옷과 샌들을 신고 지팡이를 가지고 다녔지만 지갑은 휴대하지 않았으며 말씀을 듣는 사람들의 너그러움에 의지하여 살았다. 이들은 교회에서 사용하는 라틴어가 아니라 보통 사람들의 언어인 영어로 설교했고 돈을 요구하지 않았다. 이들의 메시지는 성경적이었으며 옥스포드에서 공부할 때 위클리프에게서 배운 가르침에 상당히 의지했다. 이 젊은 전도자들은 처음에는 사제들로 이루어졌다. 하지만 나중에 위클리프는 하나님의 부르심이 사람의 안수보다 더 중요하다고 주장하면서 남녀 평신도들도 파송했다.

그가 처음부터 교회의 반역자가 될 생각을 하거나 새로운 순회 성직자 집단을 만들려고 한 것은 아니었다. 그는 그저 소명을 이루기 위해 희생을 마다하지 않으며 말과 삶이 일치하는 전도자들이 사람들에게 복음을 들려주기를 원했을 따름이다. 그는 전도자들의 단순한 삶과 능력으로 전하는 복음을 보통 사람들이 자신들의 언어로 듣게 되기를 원했다. 위클리프는 성경의 권위와 능력에 대해 확신했으며 성경을 모국어로 번역하는 작업에 착수했다. 이 번역 성경은 롤라드파 사람들의 손에 들려진 주된 무기가 되었는데, 그들은 성경을 강해하고 그 본문을 알기 쉽게 전하는 일을 했기 때문이다. 롤라드파는 많은 인기를 얻었다. 많은 사람들이 그들과 함께했고, 그들은 잉글랜드의 마을들과 작은 촌들, 어디든지 두루 다녔다.

시간이 지나면서 이 일은 로마 가톨릭 교회의 분노를 사게 되었다. 다른 무엇보다 로마 가톨릭 교회가 중요하게 여기는 몇 가지 입장들을 위클리프가 반대했기 때문이다. 그는 1377년에 교황에게 견책을 받은 후 1378년에 *On the Truth of Holy Scripture*(성경의 진리)라는 책을 저술했다. 그는 이 책에서 성경이 그리스도인들에게 최고의 권위이자 정통적 가르침을 평가하는 기준이며, 교회와 신자들의 개혁을 위한 가이드라고 주장했다. 이 책은 그 자체만으로도 한 사람을 구원으로 이끌기에 충분했다. 이것은 구원은 오직 교회를 통해서만 가능하다는 로마 가톨릭의 주장에 정면으로 맞서는 것이었다.

무엇보다 그는 그리스도에 대한 믿음을 가지고 성령의 인도하심에 의지한다면 누구든지 성경의 핵심 메시지를 이해할 수 있을 것이라고 믿었다. 무지하기 그지없는 사제들이 사람들에게 성경을 해석해 줄 필요가 없었다. 성경의 권위와 충족성에 대한 굳은 확신을 가진 위클리프는 면죄부 판매와 성인들에게 드리는 기도, 수도원의 필요성과 화체 교리에 대해 의심하게 되었다. 성경을 의지했기에 그는 또한 교황의 권위를 부정했고(그 당시 두 라이벌 교황들이 있었다) 그리스도만이 교회의 머리임을 분명히 했다. 위클리프는 "비가견 교회"(invisible church), 곧 가톨릭 교회에 형식적으로 등록되어 있는 사람들이 아닌 하나님이 구원하시기로 작정한 자들로 구성된 참 교회에 대한 믿음을 처음으로 천명한 사람이었다.

가톨릭의 고위층은 그를 옥스포드에서 퇴출시켰다. 그는 러터워스(Lutterworth)로 은퇴하여 거기서 자신이 세운 가난한 사제들(Poor Priests)을 위한 전도지를 만들었다. 또 라틴어 벌게이트 성경을 영어로 번역하는 일을 감독하고 그 번역 성경을 보급하기 위해 혼신을 다했다. 고위층에 있던 친구들 덕분에 그는 다른 개혁가들이 겪어야 했던 순교는 피할 수 있었으며 1384년에 평안히 숨을 거두었다. 로마 가톨릭 교회는 그를 산 채로 화형시키지는 않았지만 사후에 그의 무덤을 파서 그의 뼈를 불태웠다!

위클리프는 너무나 합당하게도 종교개혁의 새벽별로 알려져 있다. 그는 기독교 신앙과 삶의 규범의 중심에 성경을 두었고 교회의 부패에 두려움 없이 반대했다. 그의 삶은 전도에 대한 열정으로 가득찼고 거짓 가르침을 배격했으며, 반드시 이렇게 표현한 것은 아니지만 모든 신자들의 제사장 됨을 확신했다. 이러한 것들은 한 세기 뒤에 일어난 종교개혁자들의 중심 사상으로 이어졌다.

위클리프의 가장 위대한 성취는 자신의 가난한 사제들에게 성경을 확신하게 한 일일 것이다. 그는 구원에 필요한 모든 것이 성경 속에 있다고 확신했다. 이러한 신념으로 위클리프와 그의 동료들은 자신들에게 닥쳐 온 억압과 박해에도 불구하고 그 메시지를 전하려는 결의를 지켜 나갔다. 강력한 성경적 설교가 복음전도의 가장 효과적인 방법이라는 사실은 오늘날에도 변함이 없다.

성경적 단순함을 장려한 얀 후스

중세 시대의 암흑 속에 비친 세 번째 빛은 얀 후스(Jan Hus)다. 후스는 위클리프와 거의 동시대 인물로 위클리프를 존경했다. 그의 고국은 오늘날의 체코 공화국인 보헤미아였다. 그는 사제이자 유서 깊은 프라하대학의 교수였는데 나중에 이 대학의 총장이 되었다. 그리고 1402년에는 약 3천 명 이상이 들어갈 수 있는 프라하의 베들레헴 채플의 주 설교자가 되었다! 이 채플은 언제나 온갖 종류의 사람들로, 특히 농부들로 가득 찼다. 하지만 그는 귀족들에게도 인기가 있었으며 베들레헴 채플을 종종 방문하는 여왕의 고해 신부로 섬기기도 했다.

후스는 설교의 핵심을 체코어로 제시함으로써 그 당시 독일어만 사용하던 보헤미안 교회의 관례를 깨트렸다. 이 정기적인 설교 사역으로 인해 후스는 성경을 더욱 깊이 연구하게 되었다. 그는 위클리프처럼 교리뿐 아니라 일상적인 삶에 대해서도 성경이 가진 권위를 확신하였다. 그는 성경을 가지고 설교하는 것을 예배의 주된 특징으로 삼았다. 그는 위클리프의 거의 모든 가르침에 대해 의견을 같이했으며 위클리프와 마찬가지로 교회에서 부패를 척결하고 성경적 단순함을 장려하고자 애썼다. 그 당시 위클리프의 모든 저술들을 소각하라는 명령을 받았지만 후스는 이를 거절했다. 이것이 대학 내의 독일파들을 격분케 했는데 이들은 독일인이었던 프라하 주교를 찾아가 그에 대한 불평을 제기했다. 결국 후스는 1410년에 출교를 당했고 대학 교수직에서도 쫓겨났다. 그는 낙향해서 저술에 몰두했으며 시골 지역에서 설교를 계속했다.

그는 1414년에 콘스탄츠 공의회에 출석해 자신의 견해를 소명하라는 명령을 받았다. 안전에 대한 염려를 안고 도착했는데 두려워하던 일이 현실이 되고 말았다. 그는 배신을 당해 체포되었다. 비록 모종의 재판의 과정이 있었지만 그는 자기를 변호할 기회조차 얻지 못했다. 그는 끔찍한 투옥의 시간을 견뎌야 했고 결국 1415년, 나무 장작 더미 위에서 그리스도께 드리는 찬송을 부르는 가운데 화형을 당했다. 그의 죽음으로 많은 지역에서 시위가 일어났고 교황은 군대를 보내 시위대들을 진압했다. 이 전쟁에서 살아남은 사람들 중에서 보헤미안 형제단이 나왔다. 이들은 결국 독일로 이주해 모라비안(Moravian) 교도들로 변모하게 된다.

피터 왈도, 존 위클리프, 얀 후스는 교회사에 드리웠던 암흑의 시대에 빛을 밝히는 등대였다. 이들에게는 공통점 역시 많았다.

암흑 속에서 빛처럼 산 세 사람의 공통점

세 사람 가운데 그 누구도 처음부터 가톨릭 교회에서 탈퇴하기를 원했던 것은 아니다. 이들은 가톨릭 교회의 개혁을 원했다. 이들과 그 추종자들이 가톨릭 교회에서 분리해 나간 것은 이들의 주장이 교회가 믿는다고 고백해 온 성경의 지지를 받음에도 불구하고, 교회가 그 주장들에 귀 기울이기를 거부했기 때문이다.

이들은 모두 성경의 영감과 권위에 대해 압도적인 존경심을 가졌다. 성경을 그들의 삶과 가르침, 온 교회를 위한 가이드로 삼기를 원했다. 이들은 성경 연구를 통해 교회 안의 부패와 화체설, 면죄부, 연옥에 대한 거짓 가르침, 교황의 현세적이고 영적인 권력을 폭로했다. 이러한 것들은 중세 교회의 특징들로서 교회 안에 깊이 뿌리내리고 있었지만, 교회의 기초가 되는 성경에서는 그 근거를 전혀 찾을 수 없었다.

세 사람은 가르치거나 돕는 이가 없어 무지에 빠져 있는 평범한 사람들에게 큰 관심을 가졌다. 그리스도께서 긍휼히 여기시는 마음이 이들 속에 샘물처럼 솟아났다. 이들은 보통의 사람들, 특히 가난한 자들을 향해 시선을 두었다. 그들은 소외되고 가난한 이들에게 복음 전하는 일을 아주 능력 있게 감당했다. 비록 그 일이 그 시대의 부자들과 영향력 있는 사람들로부터 반대를 야기했음에도 말이다. 그것이 평범한 시민들이 그들을 좋아하고 따르며 그들이 전하는 이야기를 듣기 위해 몰려든 이유이다. 세 사람은 모두 용기로 충만했으며 자신들의 삶을 진리에 일치시킬 준비가 되어 있었다.

이들은 모두 팀으로 일하는 것을 좋아했고 그 사역을 이어갈 뿐 아니라 그들을 능가할 제자들을 유산으로 남기고자 했다.

왈도의 사역을 통해 영향력 있는 왈도파 교회가 세워졌다. 위클리프의 사역을 통해 롤라드파가 생겨났다. 후스의 제자들인 후스파는 로마 가톨릭 교회의 권위주의적 주장들에 맞서서 일어난 첫 번째 성공적인 도전이었다.

정말로 세 사람은 '흑암 속의 빛'이었다.

7

16세기 종교개혁 시대의
복음전도
_ 마르틴 루터, 장 칼뱅

오직 성경, 오직 믿음 외에는 하나님께로 나아갈 길이 없음을 외치다

15-16세기 유럽 전역의 교회와 국가들은 소용돌이치는 격변과 깊은 분열을 경험하고 있었다. 사람들은 개혁을 외쳤다. 시민들의 소요가 독일의 여러 성들에서 전염병처럼 번져 갔는데, 종교개혁은 바로 이 독일에서 시작되었다. 몇 년째 계속된 흉년은 사람들을 거의 절망에 빠트렸다. 봉건 제도는 마을에서 할 수 있는 새로운 일자리가 생겨나면서 점점 쇠태하기 시작했다. 인쇄술의 발명으로 점점 더 많은 사람들이 글을 읽게 되고 르네상스의 지적인 열매들을 즐겼으며 지적인 환경이 극적으로 바뀌었다. 에라스무스가 막 출판한 신약성경은 많은 사람들이 성경을 깊이 있게 공부하도록 이끄는 데 지대한 영향을 미쳤다.

이러한 변화들 속에서도 교회는 아직도 교황의 권세 아래 있었고 여전히 면죄부가 팔리고 있었다. 또 성상을 숭배하며 교회 직위를 매매하는 등 이전 세기에 폭로되어 비난받았던 많은 부패들이 여전히 반복되고 있었다. 교회는 불쏘시개처럼 바짝 말라, 마치 메마른 들판 같았다. 이러한 때에 루터가 95개 조항을 교회 문에 못 박은 이 유명한 사건은 북유럽 전체를 삼키는 화염이 되었다. 이 사건은 오늘날까지도 엄청난 사회적, 경제적, 종교적 함의들을 가지고 있다. 이 강력한 혁명의 여러 측면을 여기에서 다 추적한다는 것은 불가능한 일이다. 그럼에도 복음전도가 우리의 관심사이기에 나는 종교개혁의 여러 핵심 인물들을 살펴보고, 그들이 유럽의 재복음화를 위해 기여한 바를 찾아보고자 한다.

성경을 평범한 사람들의 손에 주려 했던 마르틴 루터

마르틴 루터(1483-1546)는 아이슬레벤(Eisleben)이라는 독일의 한 마을에서 광부의 아들로 태어났다. 어린 시절부터 유망했던 루터는 마침내 에르푸르트대학(University of Erfurt)에 진학해 법조인이 될 준비를 하고 있었다. 그때 그는 강력한 폭풍우 속에서 번개를 맞고 거의 죽을 뻔한 큰 사건을 겪는다. 그는 하나님을 무서운 재판관으로 여겼기에 자신을 살려 주면 수도사가 되겠다고 약속했다. 그는 이 약속을 지켰고, 아버지의 반대가 있었지만 아우구스티누스수도회에 입회해 평온한 학교 생활 대신 강도 높은 고행과 자기 부정의 훈련을 받게 되었다.

수도원 생활은 최소한의 음식으로 살아가고 채플에서 하루에 여섯 시간 이상을 보내야 하는 고된 삶이었다. 하지만 루터는 심판하시는 하나님의 진노를 달래고 영혼의 구원을 받기 원했기 때문에 그 생활에 적응해야 했다. 그는 병적일 만큼 자기 죄에 대해 많은 가책을 받았고 고해성사를 하는 데 많은 시간을 보냈다. 그는 안수받은 사제였으며 나중에는 신설된 비텐베르크 대학(University of Wittenberg)의 성서학 교수가 되어 죽을 때까지 섬겼다. 1517년에 그는 영혼이 연옥을 통과하는 과정을 단축하기 위해 고안된 면죄부 판매에 대해 깊이 성찰하게 되었다. 그는 면죄부 판매를 다음과 같은 노래(jingle)로 홍보했던 면죄부 판매상 요한 테첼(Johann Tetzel)에게 큰 충격을 받았다. "돈궤에 동전 떨어지는 소리가 나면 연옥의 영혼이 솟아 올라간다." 회개나 죄고백이 전혀 필요 없이 말이다.

루터는 1517년 모든 성인 대축일(All Saints Day)에 면죄부에 대한 95개 조항을 성 교회(Castle Church; 역자 주: All Saints' Church를 비텐베르크의 마을 교회인 St. Mary's Church와 구분하기 위해 부르는 이름)의 문에 못으로 박았다. 그의 목표는 혁명이 아니라 논쟁을 시작하려는 것이었다. 그러나 정작 시작된 것은 신학에 대한 논쟁이 아니라 교황청의 대노였다. 당시 교황청은 성 베드로 대성당 건축을 위해 많은 헌금이 필요했고 루터의 면죄부 반대가 재건축을 위해 필요한 수입을 방해했기 때문이다. 하룻밤 사이에 루터는 폭풍의 한가운데 서게 되었다. 그는 하루아침에 아주 유명해졌다. 사람들이 그의 설교를 들으려고 떼를 지어 모여들었다. 그의 95개 조항은 2주도 채 지나지 않아서 독일 전역으로 퍼졌으며, 한 달이 지나기도 전에 유럽 전역으로 퍼져 갔다. 이 일이 가능했던 것은 인쇄술의 힘과 루터를 따르는 사람들의 열정 때문이었다. 텟첼은 루터를 이단으로 규정하고 화형에 처할 것을 요구했으며, 교황은 루터가 저술들을 철회하기를 거부하자 4년 만에 그를 파문했다.

루터는 여전히 찰스 5세 황제를 대면해야 했다. 이것은 1521년 보름스 의회(Diet of Worms) 때 일어난 일이다. 글로 표현한 자기 견해를 철회하라는 도전을 받았을 때 루터는 다음과 같은 유명한 답변을 남겼다. "저는 제가 인용한 성경 말씀에 붙들려 있습니다. 저의 양심 역시 하나님의 말씀에 사로잡혀 있습니다. 저는 제가 쓴 어떤 글도 철회할 수 없고 그렇게 하지도 않을 것입니다. 제가 여기 서 있는 것 말고는 제가 달리 할 수 있는 것이 없습니다. 하나님 나를 도와주소서."

이 일로 인해 그는 모든 보호받을 권리를 잃었다. 교회는 당장 그를 장작더미 위에 올려 놓고 화형시키려 했지만 색소니(Saxony)의 제후인 프레데릭이 그를 보호했다. 그리고 루터는 바르트부르크 성으로 도피하게 되었는데 거기서 그는 신약성경과 구약성경을 차례로 독일어로 번역했다. 그의 독일어 번역 성경은 수년 동안 독일어 산문의 표준이 되었다. 그러나 그의 목표는 문학적 탁월함이 아니라 복음전도에 영향을 끼치는 것이었다. 그는 하나님의 말씀을 평범한 사람들의 손에 들려 주기를 원했다.

그가 이러한 일을 원했던 이유는 전직 수도사였던 그의 신학에 급진적인 변화가 있었기 때문이다. 그는 하나님을 무서운 심판자로 보도록 양육받았다("나는 죄인들을 벌하시는 의로우신 하나님을 사랑할 수 없었습니다. 그렇습니다. 나는 그분을 미워했습니다"). 하지만 로마서 강의를 준비하면서 그는 삶을 송두리째 바꿀 위대한 발견을 하게 된다. 그것은 "의인은 믿음으로 말미암아 살리라"라는 로마서 1장 17절에 대한 것이었다. "나는 하나님의 의란 사람이 하나님의 선물인 믿음을 힘입어 사는 어떤 것임을 이해하기 시작했다. 이 말씀에서 나는 내가 완전히 다시 태어나 열린 문을 통해 천국에 들어가게 된 것을 느낄 수 있었다."

이것은 종교개혁의 핵심적인 발견이었다. 하지만 새로운 진리라기보다는 성경이 항상 가르쳐 온 것을 새롭게 이해한 것일 뿐이었다. 이 발견은 머지않아 유럽의 지형을 완전히 바꾸어 놓았다. '오직 하나님의 은혜로, 오직 믿음을 통해, 오직 하나님의 영광을 위해'라는 칭의에 대한 새로운 이해로, 루터는 하나님이 이 일을 하실 수 있는 근거에 대해 새롭게 이해하게 되었다. 하나님은 구원하시기 전에 죄를 정죄하신다. 하지만 그리스도께서는 정죄 받은 우리의 죄를 단번에 짊어지셨고 새 생명으로 부활하셨다. 신자는 그리스도의 죽음을 통해 얻은 '의롭다 하심'을 깊은 감사의 마음으로 받아야 한다. 신자는 자기 의와 공로를 얻고자 하는 모든 시도를 떨쳐 버리고 빈손으로 하나님께 나와야 한다.

루터는 오랫동안 느꼈던 자신의 영적 상태에 대한 깊은 절망감 때문에 자신이 하나님의 은혜를 받을 자격을 박탈당한 것이 아님을 알게 되었다. 사실 그런 절망감이야말로 하나님의 은혜를 얻기 위한 자격 조건이다.

루터의 새로운 발견은 정말 혁명적인 것이었다. 그리고 이 발견은 오래지 않아 루터교회의 태동으로 이어졌고 이어 북유럽 전역으로 확산되었다. 이 발견은 셀 수 없이 많은 사람들을 루터 자신이 발견한 중생으로 이끌었다. 그리고 그것은 삶과 도덕에 일대 변혁을 가져왔다. 왜냐하면 그는 다음과 같이 학생들을 가르쳤기 때문이다. "우리는 의로운 일을 함으로써 의롭게 되는 것이 아니다. 우리는 의롭게 됨으로써 의로운 일을 한다." 루터는 파문을 당한 후에도 계속해서 매주 설교했으며 대학에서 가르쳤다. 그는 명쾌한 성경 강해로 학생들을 매료시켰는데 그들 중 많은 이들이 다른 나라에서 온 유학생들이었다. 이들은 자기 고향으로 돌아가 루터의 메시지를 유럽 전역으로 확산시켰다.

루터의 사회적, 정치적 업적을 살피는 것은 이 책의 목적에서 벗어난다. 하지만 복음전도에서 그가 남긴 업적을 살피는 것은 매우 중요하다. 첫째, 그는 진리를 재발견했다. 그것은 사도 바울과 아우구스티누스가 그토록 소중하게 여겼던 진리, 곧 우리가 하나님과 올바른 관계를 맺는 것은 우리의 고통스러울만큼 부적절한 선행이나 무자비한 수도원 훈련, 자기 고행을 통해서가 아니라 그리스도의 십자가 죽음을 통해 보증된 하나님의 사랑에 대한 믿음을 통해서라는 사실이다. 이 진리는 남자든 여자든 어린아이든 믿음 안에서 새로운 존재가 되게 하는 메시지다. 그리고 루터는 자신이 살아 있는 동안 그와 같은 일이 엄청나게 일어나는 것을 볼 수 있었다.

둘째로, 루터가 보통 사람들의 언어로 번역한 성경은 그 성경에서 발견한 진리들을 널리 확산시키게 해 주었다. 더욱이 그는 복음을 설명하고 확신 있게 제시하기 위해 폭넓은 저술 활동을 했다. 루터가 저술한 수많은 소책자들과 출판물들은 영국뿐 아니라 유럽 전역의 지식인들에게 큰 영향을 미쳤다.

셋째로, 루터가 성경의 권위와 영감에 대해 가졌던 확신은 교회 고위층의 부패한 가르침과 생활 방식에 맞설 때 결정적인 역할을 했다. 그는 예배와 복음전도에 있어서 성경의 위치를 마땅히 있어야 할 제자리로 돌려놓았다. 교회의 가르침을 따를 것인가, 성경의 가르침을 따를 것인가 하는 질문이 들려올 때마다 그의 대답은 오직 하나뿐이었다!

넷째로, 그는 모든 신자들이 제사장임을 분명히 했다. 이것은 평신도들에게 새로운 확신을 주었을 뿐 아니라 나아가 자신들의 삶을 변화시킨 복음을 확신 있게 전할 수 있게 해 주었다. 마지막으로, 루터는 실력 있는 음악가였기에 예배에서 음악이 가진 힘을 잘 알고 있었다. 그는 찬송가를 많이 작곡했는데 그

가운데 가장 중요한 찬송은 우리가 이미 잘 알고 있는 "내 주는 강한 성이요"라는 곡이다. 그는 회중들에게 교회에서 찬송을 부르도록 격려했다.

루터의 삶은 성도의 완벽한 모델은 아니었다. 그는 전투적이었고, 유대인에 대한 반감을 가지고 있었으며, 거칠었다. 하지만 교권과 정치적 세력의 박해를 받으면서도 그가 가졌던 순전한 용기는 성경을 신실하게 따르고자 하는 복음전도자들에게 위대한 본이 된다. 다른 무엇보다 루터의 삶은 어떻게 하나님이 그 모든 실패에도 불구하고 겸손하고 평범한 한 사람을 들어서 수백만의 사람들을 위한 축복의 통로로 삼으실 수 있는지를 여실히 보여 준다. 루터의 삶은 오직 하나님의 은혜만을 드러내며, 오직 하나님의 영광으로 귀결되었다.

평민들의 사제, 스위스의 울리히 츠빙글리

루터가 붙인 불꽃은 빠르게 산불로 바뀌었다. 루터와 동시대 인물인 울리히 츠빙글리(Ulrich Zwingli, 1484-1531)는 유명한 복음 설교자가 되었다. 그는 취리히(Zurich) 성당에서 "평민들의 사제"가 되도록 부름 받았는데, 라틴어가 아니라 평민들의 언어인 독일어로 설교함으로써 단번에 말 그대로 평민들의 사제임을 보여 주었다. 설교 외에도 그는 공개적인 토론에도 참여했다. 그는 토론에 능수능란하여 도시 전체가 개혁에 대한 대의에 동의하게 만들었다. 그는 1531년에 가톨릭 세력과의 전투에서 사망함으로써 일찍 생을 마감했다. 재침례파 (Anabaptists)는 원래 취리히의 츠빙글리의 제자들로부터 생겨났다. 이들은 종교개혁의 급진적인 진영으로 루터와 츠빙글리를 포함한 대부분의 개혁자들이 시행했던 유아 세례가 아니라 성인 신자의 세례를 주장하면서 성경이 명시적으로 가르치지 않는 어떤 관행도 폐지하기를 원했다.

이들은 비록 중앙 리더십이 없고 그들 안에 분열이 있었음에도 불구하고 중요한 인물들이다. 우선, 그들은 이후 교회에서 위대한 침례교 전통을 세웠다. 하지만 이보다 중요한 것은 그들이 아주 열심 있는 복음전도자들이었다는 점이다. 우리는 중요한 교리적 이슈들에서 의견을 달리 하는 사람들의 복음전도 사역을 하나님이 놀랍게 축복하시는 것에 대해 기억할 필요가 있다. 예수를 위한 열정이 교리적인 올바름보다 더욱 중요하다.

오직 성경을 외친 장 칼뱅

루터 이후 종교개혁자들 가운데 가장 위대한 인물은 단연

장 칼뱅(1509-1564)이다. 칼뱅은 루터보다 스물여섯 살이 젊었다. 그는 프랑스인이었지만 1533년에 그리스도를 만난 이후 파리를 떠나 바젤(Basel)에 안착했다. 놀랍게도 그가 종교개혁 시대의 모든 책 중에서 가장 영향력 있는 교리서인《기독교 강요》를 출판한 것은 그로부터 겨우 3년 뒤였다. 그는 아담의 죄를 모든 사람을 부패하게 만든 원죄 곧, 하나님께 대한 반역으로 보았다. 모든 사람이 하나님의 심판을 받아 마땅하며 구원을 얻기 위해 할 수 있는 일이 없었다. 하지만 하나님은 구원을 위해 직접 우리 가운데 오셨다. 비록 하나님은 죄를 미워하시지만 자기 아들을 우리 대신 죽으시도록 보내실 만큼 죄인을 사랑하신다. 예수님은 하나님의 의로운 심판의 요구를 만족시키셨으며 아담의 저주를 역전시키셨고 회개와 믿음을 통해 그리스도를 믿는 자들의 영적 죽음을 멸하셨다.

칼뱅은 참 교회는 신앙 고백과 상관없이 세례 받은 모든 사람으로 이루어진 것이 아니라, 하나님이 회개하고 자기에게 돌이킬 것을 미리 아신 자들로 이루어진다는 점을 분명히 했다. 이와 같은 선택에 대한 강조 때문에 칼뱅이 복음전도에는 무관심했을 것이라 생각할 수도 있다. 일부 칼뱅주의자들이 분명 그와 같은 실수를 했다. 하나님이 구원할 자들을 선택하셨다면 왜 굳이 우리가 복음전도를 위해 무언가를 해야 한단 말인가? 하지만 이 점에 있어서 칼뱅의 추종자들은 자신들의 지도자인 칼뱅과 많이 달랐다. 앞으로 살펴보겠지만 칼뱅은 열정적인 전도자였다. 린지 브라운(Lindsay Brown) 박사는 내가 칼뱅의 복음전도 범위를 이해하는 데 큰 도움을 주었다.

칼뱅은 1536년에 제네바를 방문해 그의 남은 생의 많은 부분을 그곳에서 보냈다. 그의 복음전도는 도시를 혁명적으로 바꾸어 놓았다. 제네바가 모범적인 기독교 국가로 운영되고 있었기에 유럽 전역의 개신교 피난민들이 그곳으로 홍수처럼 밀려들었다. 몰려드는 그리스도인들을 수용하기 위해 제네바의 구 시가지에 있던 수많은 집들의 층수를 늘려야 했고, 우리가 오늘날 그 사실을 눈으로 확인할 수 있음은 매우 흥미로운 일이다. 복음은 제네바 도시 전체에 지배적인 영향을 주었는데 이 도시는 유럽 전역에 복음전도의 기지로, 그리스도인들의 사회 생활을 위한 살아 있는 실험실로 사용되었다.

복음전도에 대한 열정으로 말하자면, 칼뱅은 마태복음 28장 19절이 명령하는 대사명의 말씀을 좋아했다. 그는 이 구절에 대해 다음과 설명했다. "주님은 복음의 일꾼들에게 구원의 가르침을 지구상의 모든 곳에 퍼트리라고 명령하신다." 또 사도행전 2장에 대해 주석하면서 그는 이렇게 썼다. "성령은 복음이 땅 끝까지 이르도록 하기 위해 오신다." 이사야 12장에 대해서는 이렇게 말한다. 이사야는 "모든 민족에게 하나님의 선하심을 선포하는 것이 우리의 임무임을 보여 준다. 다른 사람들에 대해선 권면하고 격려하면서 우리 자신이 나태하게 앉아 있어서는 안 된다. 도리어 다른 사람들에게 본을 보여 주는 것이 합당하다. 왜냐하면 게으르고 나태한 사람이 다른 사람들을 자극해 하나님을 찬양하게 만드는 것보다 더 어처구니없는 일은 없기 때문이다."

칼뱅은 하나님 나라에 대해 강조했고 하나님 나라를 확장하는 것이 기본적으로 하나님의 일임을 분명히 했다. 하지만 사람들 역시 이 일에서 중요한 역할을 감당한다. 하나님 나라의 확장을 위해 믿는 이들에게 부여된 임무는 기본적으로 4가지다. 첫째, 칼뱅은 그리스도를 알지 못하는 사람들을 위해 기도하라고 말한다. 그는 "하나님은 오늘 우리에게 불신자들의 구원을 위해 기도하라고 명하신다"고 썼다. 그리고 기도에 대한 이러한 강조는 그가 제네바에 있는 교회를 위해 집대성한 예전에 강력하게 표현되어 있다.

둘째로, 칼뱅은 우리 모두가 말과 행동을 통해 복음을 전하도록 부름 받았음을 분명히 한다. 그는 제네바에 아이들뿐 아니라 목회자들과 복음전도자들을 훈련하기 위해 학교를 세웠다. 다른 나라에서도 사람들이 이 학교를 찾아 몰려들었는데, 그들은 한결같이 마음에 복음전도에 대한 열정을 품고 손에는 《기독교 강요》를 들고 고향으로 돌아갔다.

칼뱅이 다른 사람들에게 복음을 전한 세 번째 방법은 큰 영향을 미칠 수 있는 경건한 통치자들을 통하는 것이었다. 나바르

(Navarre)의 여왕이 끼친 영향이 그 대표적인 사례다. 하지만 그가 아주 중요하게 여겼던 또 다른 전도 방안이 있었는데 그것은 바로 인쇄된 성경이었다. 그의 후원 아래 출판된 제네바 성경은 즉시 가장 널리 보급된 성경이 되었다. 영국에서는 번역의 생생함과 신선함 때문에 헨리 8세의 위대한 성경(Great Bible)을 거의 대체했다. 제네바 성경은 킹 제임스 성경보다 50년 이상 앞선 성경이었으며 세익스피어와 존 던(John Donne), 존 번연(John Bunyan)을 비롯한 영국의 대부분의 교회가 사용한 성경이었다. 제네바 성경은 메이플라워호를 타고 미국으로도 전달되었다! 칼뱅이 죽기까지 제네바에는 34개의 출판사가 있었고 그는 이 출판사들을 잘 활용했다. 칼뱅의 신약 주석들은 명료했으며 예리한 통찰들을 담고 있었다. 이 주석들은 유럽 전역으로 보급되었으며 오늘날에도 여전히 가치가 있다.

칼뱅은 스페인과 폴란드와 헝가리와 영국과 네덜란드에서 선교 사역을 격려했다. 하지만 다른 무엇보다 그는 자기 조국 프랑스에서 복음을 전하고자 많은 노력을 했다. 1555년에서 1562년 사이에 그와 그의 동료들은 프랑스에 88명 이상의 선교사들을 파송했다. 이 선교는 아주 효과적이어서 4년 동안 프랑스에 4천 개 이상의 교회가 세워졌다. 그리고 위그노(Huguenots; 프랑스의 캘빈주의자들)의 수가 약 2백만 명이 되었다.

이제 칼뱅이 복음전도에 무관심했다는 이 거짓된 신화는 사라져야 한다. 칼뱅은 이렇게 썼다. "우리 안에 일말의 인간성이라도 있다면, 사람들이 지옥에 가는 것을 볼 때 우리가 그 불쌍한 영혼들을 지옥에서 건져내어 구원의 길을 가르칠 마음을 품어야 마땅하지 않겠는가?" 그의 삶은 그의 말과 일치했던 것이 분명하다. 그는 브라질에까지 선교사를 보냈다. 그가 도시를 운영하는 데 깊이 관여하고 학교에서는 학문적으로 훈련하는 일을 했음에도 불구하고 복음전도는 언제나 이 위대한 인물에게 최우선 순위였다.

칼뱅은 루터처럼 개인적으로 만났을 때 따뜻하고 쾌활한 사람은 아니었다. 그는 내성적이어서 사람들의 환심을 사려 하지도 않았고 많은 인기를 얻지도 못했다. 그는 자주 제네바의 세속 당국자들과 불편한 관계가 되었다. 하지만 사람들은 그의 명쾌한 가르침과 성경에 대한 강조, 제네바에 세운 기독교 공동체에 깊이 매료되었다. 그가 죽을 때 즈음에는 그 공동체가 유럽 대륙에서 가장 체계적으로 조직되고 오랫동안 유지된 종교개혁의 표상으로 자리매김했다. 그의 선교 사역은, 특히 그의 조국인 프랑스에서 매우 효과적으로 이루어졌다. 그가 학교에서 가르친 일 역시 엄청난 영향을 주었는데 그의 동료들 중 한 사람이 바로 스코틀랜드로 돌아가서 두려움 없이 복음을 전한 존 낙스(John Knox)였다.

독일에서 시작된 종교개혁이 영국으로……

독일에서 시작된 종교개혁이 고상했다면 스위스에서의 종교개혁은 교육과 조직화가 잘 이루어졌다. 그런데 영국은 이 두 가지 모두 아니었다. 영국의 종교개혁은 적어도 처음에는 정치적인 목적이 컸다. 헨리 8세가 앤 불린(Anne Boleyn)과 결혼하기 위해 일찍 늙어 버린 여왕 캐서린(Catherine)을 없애려고 했다는 것은 잘 알려진 사실이다. 헨리는 이 일을 성사시키기 위해 교황을 거부했고 영국 교회의 수장으로서의 통치권을 그 자신이 취하였다. 이것은 전혀 전례가 없던 일은 아니었다. 북 독일의 통치자들 역시 교황을 자신들의 영역에서는 아무 적법한 권한이 없는 그저 또 한 명의 주교로 취급했다.

헨리는 무명인 토마스 크랜머(Thomas Cranmer)를 발탁하여 캔터베리 대주교로 임명했다. 그리고 크랜머는 헨리에게 시종 충성을 다했다. 이런 이유로 크랜머는 왕실 우월주의를 선언하고 앤 불린을 처형하는 일 등을 포함해 매우 타협적인 입장을 취하게 된다. 크랜머는 용기 있는 사람은 아니었다. 하지만 새로운 배움, 부분적으로는 에라스무스의 인문주의와 루터의 저술에 영향을 받았던 사람이다. 따라서 영국의 여러 귀족들과 또 헨리의 왕비 중 적어도 두 명이 그랬던 것처럼 크랜머는 점점 더 개혁자들의 입장에 끌리게 되었다.

윌리엄 틴데일(William Tyndale, 1494-1536)은 또 다른 위대한 종교개혁 전도자 가운데 한 사람이었다. 크랜머는 (라틴어 불게이트 성경을 번역한 위클리프의 성경과 달리) 틴데일이 원어인 히브리어와 헬라어에서 번역한 성경에 깊은 인상을 받았다. 누구든지 위클리프의 성경을 가진 것이 발각되면 사형에 처해질 수 있었지만, 캑스턴(Caxton)의 인쇄기 발명은 성경 보급의 수문을 활짝 열었다. 틴데일의 번역 성경에 대한 수요는 곧 엄청나게 늘어났다. 영국은 틴데일이 머물기에는 너무 위험해졌기에 그는 유럽 대륙에 상점을 냈는데, 그때 1520년대에 엄청나게 많은 영어 성경이 영국으로 밀반입되었다. 무지한 글로스터(Glouceter) 수상 앞에서 그가 이단 혐의로 기소되었을 때 그는 담대하게 이렇게 외쳤다. "하나님이 내 목숨을 살려 주신다면, 나는 몇 년 안에 당신보다 쟁기 끄는 소년이 성경을 더 많이 알게 할 것입니다."

틴데일의 말대로 영어 성경은 영국 내에서 널리 읽히게 되었다. 1536년에 그는 배반을 당해 체포되었고 화형대에서 목이 졸린 채 화형에 처해졌다. 그는 "주여, 잉글랜드 왕의 눈을 열어 주소서"라는 마지막 말을 남겼다. 그리고 이 기도는 응답되었다. 3년 후 왕이 크랜머의 추천을 따라 아이러니하게도 틴데일 번역 성경에 기초한 위대한 성경(the Great Bible)을 승인하고, 이 성경을 모든 교회마다 비치해 사람들이 스스로 읽을 수 있게 했기 때문이다. 이것은 이제까지는 없었던 일이었다. 틴데일 성경은 큰 인기를 끌었고 1년 후에 두 번째 판이 제작되었다. 시간이 갈수록 루터와 칼뱅의 견해에 기울어지고 있었던 크랜머 대주교는 이 2판 성경에 추천하는 서문을 썼다.

신앙을 지키기 위해 죽음을 선택한 순교자들

토마스 모어(Thomas More)는 교황의 권위를 제거하는 일을 위해 죽을 준비가 되어 있었지만, 보통의 영국 사람들은 그 일에 그다지 신경 쓰지는 않았던 것 같다. 그들은 영국 주재 교황의 대리인인 토마스 월시 추기경의 탐욕과 거만함을 기억하고 있었지만, 수도원에 대한 탄압과 왕실이 재물과 땅을 빼앗아 가는 것에 대해 분노했다.

하지만 헨리 8세가 죽고 에드워드 4세가 짧은 몇 년 동안 왕좌에 올랐을 때 이야기가 달라졌다. 오랫동안 종교개혁에 대해 우호적이었던 크랜머는 1549년에 기도서(Prayer Book)를 출판했으며 얼마 지나지 않아 1552년에는 더욱 개신교식에 가까운 기도서를 출판했다. 대부분 신학적인 논쟁의 내용을 잘 이해하지 못하고 다만 친숙한 교회 장식들과 라틴어 미사를 그리워하던 교구 성도들에게 이 기도서들이 어떤 혼동을 야기했을지를 상상해 볼 수 있을 것이다.

에드워드 4세가 1553년에 죽었을 당시에 휴 라티머(Hugh Latimer), 니콜라스 리들리(Nicholas Ridley), 토마스 크랜머 같은 주교들의 열정적인 복음전도 설교가 있었음에도 불구하고 영국은 결코 개신교 국가가 아니었다. 그런데 열정적인 가톨릭 신자였던 메리 여왕이 개신교 지도자들을 화형시킨 일은 영국의 상황을 완전히 달라지게 만들었다. 즉위한 지 18개월 만에 여왕은 런던과 우스터(Worcester)의 주교들과 크랜머 대주교를 포함하여 3백여 명의 개신교 신자들을 기필코 산 채로 불태워 죽였다. 그녀는 이들의 개신교 신앙심이 얕기에 쉽게 그 신앙을 철회하고 교황에 대한 충성으로 돌이킬 것이라고 생각했을 수 있다. 만일 이게 사실이라면 엄청난 오판이다. 이 순교자들의 순전한 용기는 사람들에게 강렬한 인상을 남겼다.

종교개혁 역사가 오웬 채드윅(Owen Chadwick)이 말하듯이, "리들리와 라티머를 시작으로 해 그 뒤를 따르던 순교자들의 굳건한 믿음은 영국의 종교개혁에 피로 세례를 베풀었고, 영국인들의 마음속에 교회의 폭정과 로마 교황청 사이에 치명적인 연관이 있음을 각인시켜 주었다." 10년 전만 해도 개신교 대의는 대중의 뇌리에 교회를 모독하고 수도원을 탄압하며 성상을 파괴하고 종교적 무정부 상태를 야기하는 일로 생각되었다. 하지만 이제 사람들은 개혁 신앙을 용기와 정직성, 그리고 영국인들의 이익보다 오랜 적국인 스페인으로 기울어져 있는 정부에 대한,

영국인들의 애국적 저항과 연관 짓기 시작했다.

순교자들이면서 열정적 복음전도자들

이들이 죽음에 임하는 태도는 정말 놀라웠다. 케임브리지 학자인 토마스 빌니(Thomas Bilney)는 1531년 월시의 사주로 첫 순교자가 되었다. 빌니는 휴 라티머를 그리스도께 인도한 사람인데 그 당시 그는 아직 서른 한 살의 청년이었다. 그가 화형대 기둥에 사슬로 묶여 있는 것을 보고 사람들은 눈물을 흘렸다. 하지만 토마스 빌니는 자기를 정죄하는 사람들을 보고는 아무 조건 없이 용서했으며 "예수님, 내가 믿습니다(Credo)!"라고 외치며 죽음을 맞이했다.

1555년에 라티머 주교와 리들리 주교는 옥스포드의 베일럴 칼리지 바깥에서 서로 등을 맞댄 채 화형장 기둥에 사슬로 묶였다. 그리고 유명한 설교자였던 라티머는 가장 짧지만 가장 유명한 설교를 남겼다. "리들리 주교님, 위로가 되기를 바랍니다. 남자답게 어깨를 펴십시오. 하나님의 은혜로 오늘 우리가 잉글랜드에서 결코 꺼지지 않을 촛불을 밝힐 것입니다." 라티머가 죽고 나서도 한참 동안 리들리는 끔찍한 고통을 겪어야 했다. 하지만 그들이 밝힌 촛불은 결코 꺼지지 않았다.

그 촛불은 크랜머 대주교의 죽음으로 다시 점화가 되었다. 크랜머는 리들리와 라티머와 함께 순교를 당하지는 않았다. 화형대를 두려워한 나머지 그는 개신교적 견해를 철회하고 가톨릭 교리를 수용했다. 하지만 여왕은 여전히 그를 죽이기 원했기에 그는 다시 체포되어 2년 반 동안 투옥했고 1556년에 처형당했다. 시험이 왔을 때 그는 다시 용기를 냈다. 그는 준비해 두었던 라틴어로 된 철회문을 버리면서 이렇게 외쳤다. "내 손이 내 마음과 반대되는 것을 쓰는 죄를 범했으므로 내 손이 먼저 벌을 받으리라." 그 말대로 그는 자기 손을 불 속으로 내밀었다. 이 유명한 제스처를 통해 그는 자신의 진실한 신앙을 천명했으며 죽음에 임하는 태도를 통해 승리했다. 메리 여왕은 위대한 개신교 지도자들을 죽이려고 단단히 결심했는데 이렇게 하면 그 운동을 짓밟을 수 있으리라 기대했기 때문이었다. 하지만 그녀의 계획은 오히려 역효과를 냈다. 순교자들에 대한 동정심이 온 나라를 휩쓸었기 때문이다. 영국이 개신교 국가가 되게 한 장본인은 바로 가톨릭 신자 메리였다.

그런데 이 개혁가들은 자신의 신앙을 지키기 위해 용기 있게 죽음을 선택한 순교자에서 그치지 않는다. 그들은 열정적인 복음 설교자들이었다. 그들은 헨리 8세 치하에서 왕의 심기를 건드리는 한마디 말로도 머리가 날아갈 수 있는 위험을 감수하며 살았다. 하지만 개신교 신자인 헨리의 아들 에드워드가 즉위하면서 메리가 왕좌에 오르기 전까지 짧은 6년 동안 모든 것이 바뀌었다. 크랜머는 잉글랜드의 여러 지역들에서 시행되는 수없이 다양한 라틴어 제의들을 폐지하고 1549년에 모든 교회에서 사용할 수 있도록 단권 기도서를 영어로 펴냈다. 이 기도서는 루터의 영향을 받은 것인데 고전적인 종교개혁의 가르침에 한층 가까이 다가간 것이었다. 그러나 사실 이 책은 그 누구도 만족시키지 못했다. 보수적인 사람들은 이 책이 너무 급진적이라고 여겼고 개혁적인 사람들은 너무 보수적이라고 생각했다.

1552년에 크랜머는 종교개혁의 방향으로 상당히 많이 개정을 거친 기도서를 다시 출판했다. 또한 교회에 있는 성상들을 깨부숴 버리거나 제거했다. 벽화들에는 흰색을 덧칠했으며 성인들에 대한 예배는 폐지했다. 화체설의 흔적은 모조리 없애 버렸으며 제단을 성찬 테이블로 교체했다. 사제복을 없앴고 죽은 자들을 위한 기도도 중단했다. 그는 설교를 효과적으로 전하지 못하는 무능한 사제들이 성도들에게 읽어 줄 수 있도록 설교서(Book of Homilies)도 펴냈다. 더 나아가 영어 성경을 모든 교회에 비치했다. 이것은 영국민들에 대한 대대적인 전도 노력이었다. 하지만 이러한 전도는 단지 1년 동안만 지속되었다. 메리가 왕좌에 오르자 이 기도서는 퇴출되었고 성경은 치워졌으며 미사와 교황의 우월성이 회복되었다. 그런 다음에 화형이 시작되었다,

따라서 크랜머는, 그 자신이 위대한 복음전도자는 아니었지

만 대주교라는 자신의 지위를 활용하여 온 나라가 성경에서 복음을 읽을 수 있도록, 또 성경적으로 건전하고 영어로 쓰여 있어 누구나 쉽게 사용할 수 있는 기도서를 가질 수 있게 길을 활짝 열어 주었다. 이것은 대단한 성취였다. 그러는 사이 다른 많은 이들이 저명한 설교자로 세워졌다. 그들 가운데 가난한 사람들의 친구이자 영국의 사도로 알려진 휴 라티머가 있었다. 그는 왕과 고위 관리들뿐 아니라 천한 농민들을 위해서도 놀랍도록 능력 있게 설교 사역을 했다.

니콜라스 리들리는 런던의 주교가 되었을 때 모든 성직자들을 방문했는데 이는 거의 전례 없는 혁신이었다. 그는 그들이 새로운 예배를 시행하고 있는지를 점검했다. 그는 유명한 설교자였는데 오전에는 성바울교회에서, 그리고 오후에는 거의 다섯 시까지 십자가 앞에 서서 설교하는 것을 사람들이 볼 수 있었다. 그래서 시장을 비롯하여 사람들은 횃불 빛에 의지해 집으로 돌아가야 했다. 그는 가난한 사람들에 대한 관심이 컸다. 한번은 왕 앞에서 자선에 대한 필요성에 대해 깊은 감동을 주는 설교를 했다. 에드워드는 매우 감동을 받아 토지와 집, 수입을 기부했는데 이것은 기독병원(Christ's Hospital)의 설립으로 이어졌다. 그는 또한 "많은 영국 왕들의 오래된 맨션"인 브라이드웰(Bridewell)을 고아원으로 내어 주었다.

1551년에 글로스터의 주교가 된 존 후퍼(John Hooper)는 또 다른 위대한 종교개혁가이자 복음전도자였다. 팍스(Foxe)는 *Book of Martyrs*(순교자들 이야기)에서 후퍼에 대해 이렇게 말했다. "그는 사역할 때 매우 신중을 기했기 때문에 그리스도의 양떼를 참된 구원의 말씀으로 훈련하기 위해 어떤 수고나 방안도 아끼지 않았고 그곳에서 끊임없이 노력했다." 그는 자기 교구를 이끌기를 "마치 한 가족을 책임지는 사람인 것처럼 했다. 어떤 가정의 아버지도, 어떤 동산의 정원사도, 어떤 포도원의 농부도, 그가 마을과 촌을 다니면서 사람들을 돌보는 것에 비할 수 없었다. 그는 자기 교구의 양들을 최선의 노력으로 가르치고 복음을 전했다."

존 후퍼는 딱 2년 동안 그 자리에 있었다. 메리가 왕위에 올랐을 때 그는 주교에서 해임되었는데, 살아 있는 채로 화형을 당하기까지 18개월 동안을 악명 높은 플릿 감옥에 수감되었다. 한 귀족은 그에게 "삶은 달콤하지만 죽음은 쓰다"라고 말하며 개신교 신앙을 철회하고 목숨을 부지하라고 촉구했다. 이 말에 후퍼는 "다가올 생명은 더 달콤하고 다가올 죽음은 더 쓰다"라고 답했다. 이처럼 영국의 종교개혁가들은 깊은 신념과 엄청난 용기를 보여 주었다. 그들은 말과 삶으로 복음을 전했고 죽음을 대하는 방식을 통해 복음을 찬양했다.

종교개혁가들의 업적

유럽의 종교개혁가들이 만들어 낸 엄청난 영향력들을 돌아보면 몇 가지 특별한 점들이 두드러진다. 첫째, 그들은 성경의 권위가 어떤 교황이나 교회 공의회보다 더 중요하다는 확고한 믿음을 가졌다. 그래서 그들은 성경을 평범한 사람들이 사용하는 언어로 번역하고 널리 보급하기 위해 힘썼다.

둘째, 그들은 최신 기술인 인쇄술을 탁월하게 활용했다. 이 인쇄술로 인해 성경뿐만 아니라 그들의 저작물 역시 빠르게 보급되어 언제든지 쉽게 구할 수 있게 되었다.

셋째, 개혁가들은 중세 교회 안에서 모호해져 버렸던 '하나님의 은혜로 말미암아, 믿음으로, 오직 하나님의 영광을 위해 의롭다 함을 받는다'라는 위대한 신약성경의 교리를 건져냈다. 하나님의 은혜에 대한 설교는 부한 자나 가난한 자 모두에게 새 생명과 새로운 자기 확신을 가져다 주었으며, 하나님께 감사하는 마음으로 새로운 생활 방식을 가지게 했다.

넷째, 성경 그 어디에서도 정당화되지 못하는 교회에 대한 교황의 절대 권력이 무너졌다.

다섯째, 모든 신자의 제사장 됨과 사제의 개입 없이 하나님께 나아갈 수 있음에 대한 성경에 근거한 인식은 유럽의 종교적 지형을 바꿔 놓았다.

마지막으로, 개혁가들은 유럽의 여러 나라에 변화의 때가 무르익었음을 발견하고 사회적, 정치적 상황들을 충분히 활용했다. 어떤 복음전도자들도 진공 상태에서 일하지 않는다. 시대적 상황이 중요하다. 북유럽의 상황은 개혁에 우호적이었던 데 반해, 대륙의 남부인 스페인과 이탈리아에서는 개혁을 선호하지 않았다는 점은 주목할 만하다.

8

18세기
복음주의 부흥
_존 웨슬리와 조지 휫필드

무법천지가 된 세상, 부흥과 회개 사역이 휩쓸다

이 복음주의 부흥은 전세계로 확산된 복음전도의 역사에 있어서 가장 인상적인 사건이다. 이 복음전도는 대부분 18세기 영국의 웨슬리 형제들과 조지 횟필드의 사역을 통해 일어났다. 먼저 그 배경을 살펴보자.

18세기 사회와 종교

종교개혁으로 생겨난 새로운 영적인 삶의 활력은 사라지고 사회와 교회는 전방위적으로 나빠졌다. 영국은 평민들만큼이나 귀족들도 술 취함의 대명사가 되었다. 대지주들은 자신들이 "여섯 병의 사나이"인 것을 자랑했다. 오늘날 누가 한 번에 6병의 포트 와인을 마실 수 있을까? 거리의 수레에서는 "술 취하려면 1페니, 곤드레만드레 취하려면 2펜스, 깨끗한 빨대는 무료"라는 간판을 내걸고 진(gin)을 팔았다. 어디를 가나 끔찍한 부도덕이 판을 쳤다. 웨일스의 제후와 수상이 공개적으로 내놓고 불륜 관계를 맺었고, 노동자들은 자기 아내를 시장에 팔았으며, 음행이 일상이 되어 버렸다. 극장들은 외설적인 연극을 만들어 공연하는

데 정신이 팔렸고, 당시의 문학은 필딩(Henry Fielding)의 저속한 작품에서부터 스턴(Laurence Sterne)의 역겨운 신랄함에 이르기까지 그야말로 오물로 물들어 있었다.

당시 사회의 또 다른 특징은 잔인함이었다. 당시 법령집 Statute book(스태튜트북)에는 253건의 교수형 범죄가 기록되어 있는데 공개 처형은 사람들의 주된 오락거리였다. 즐거움을 위해 황소들을 폭죽으로 장식하고 그 폭죽에 불을 붙인 다음 풀어 놓기까지 했다. 닭싸움, 곰 괴롭히기(bearbaiting; 쇠사슬로 묶인 곰에게 개가 덤비게 하는 놀이-역주), 동물 고문 등이 인기를 끌었다. 게다가 당시는 노상강도들이 판을 치던 시대였다. 이들은 범죄 집단이었는데 장난 삼아 무자비한 강도 짓을 저질렀다.

이처럼 타락한 사회 속에서 교회는 얼마 만큼의 빛과 소금의 역할을 감당할 수 있었을까? 이 질문에 대한 답은 "전혀 하지 못했다"이다. 합리주의(rationalism)와 결근주의(absenteeism, 정당한 이유 없이 일하지 않는 것-역주)가 당시 교회의 주요 특징이었다. 교육을 많이 받은 성직자는 '열정'을 싫어했으며 인간들에게는 무관심한 이성적 존재로 하나님을 인식했다. 그들은 성경이나 예수님에게 주의를 기울이지 않았다. 더욱이, 그들은 자신들이 맡은 교구에도 별다른 관심을 기울이지 않았다. 목사들은 보통 자신의 교구에 살지 않았고 교인들을 한 번도 찾아가 본 적도 없이 사례만 받는 여러 직책을 가지고 있었다. 그들은 월급은 좋아했지만 일은 좋아하지 않았다. 그들 대신 교구의 부목사들이 주일 아침에 말을 타고 나가서 속사포로 예배를 인도했고 다시 말을 타고 그 다음 교회로 이동했다.

많은 교회가 성경이나 기도서조차 가지고 있지 못했고 한 달에 한 번 예배를 위해 모였다. 또 어떤 교회들은 산산이 부서진 창문과 지붕으로 황폐해져 있었다. 그런데도 신경 쓰는 사람이 아무도 없었다. 온 나라가 폭력이 횡행하고 술에 찌들고 그야말로 무법천지가 되었는데도 교회는 게으르고 안일하기만 했다. 그 당시 최고 신학자였던 조셉 버틀러 주교는 이렇게 썼다. "많은 사람들은 기독교가 탐구의 대상이 아니라 결국 허구임이 밝혀졌다는 것을 당연하게 여기게 … 되었다." 이것이 바로 18세기 영국의 상황이었다. 하지만 한 세대가 지나지 않아 이 모든 상황은 완전히 뒤바뀌게 된다.

이 놀라운 변화를 가져온 사람들은 바로 존 웨슬리와 조지 휫필드였다.

무법천지 속 거룩한 클럽

새뮤얼 웨슬리 목사와 그의 아내 수재너(Susanna)가 14명의 자녀만 낳는 것으로 만족했더라면 세계 역사가 달라졌을지도 모른다. 이것은 생각만 해도 참 흥미롭다. 하지만 이들은 자녀들을 더 낳았는데 그래서 존과 찰스 웨슬리 형제가 태어나게 된 것이다. 존이 여덟 살이었을 때 이들의 집이 화재로 불타버렸는데, 이 일은 어린 존에게 지울 수 없는 인상을 주었다. 그는 나중에 자기 자신을 "불에서 꺼낸 그슬린 나무"(슥 3:2)로 표현하기를 좋아했다.

존은 아주 경건했는데, 옥스포드에서 공부할 때 그와 찰스와 몇몇 친구들은 모임을 시작했다. 이들의 모임을 조롱하기 위해 사람들은 거룩한 클럽(Holy Club)이라 불렀다. 그들은 정기적으로 모여서 헬라어 신약성경을 읽었다. 그들은 매우 절제된 삶을 살았고, 자신의 삶을 매일 점검했으며, 재소자들을 방문했고, 하나님 앞에 선한 일을 쌓으려고 애썼다. 그들이 가장 마지막으로 멤버로 받아들인 사람이 글로스터의 여관 주인의 아들이었던 조지 휫필드였다. 존은 금식과 자기 부인의 행위들을 함에 있어 다른 멤버들보다 훨씬 더 열심이 많았는데 때로 비를 맞으면서도 밤새도록 무릎 꿇고 기도하기도 했다.

그는 어느 책에서 '중생'에 대한 글을 우연히 읽고 자기에게 필요한 것이 바로 중생임을 깨달았다. 방 안에 있던 또 다른 책을 읽고 나서는 십자가에 대해 생각하다가 예수님처럼 "내가 목마르다"라고 외쳤다. 이것은 전적인 무력감을 토로하는 절규였다. 그는 자신의 행위로 하나님께 나아가는 길을 열 수 있는 것이 아니라, 하나님께 용납될 수 있기 위해 필요한 모든 것을 이미 그리스도께서 행하셨음을 깨달았다. 그는 자신이 갈망해 온 중생을 마침내 경험하고는 "형언할 수 없는 기쁨"이라 외쳤다. 그는 아래층으로 내려가 대학을 지키던 경비원을 기쁨에 겨워 껴안았다!

존 웨슬리의 선교사역의 실패와 중생

거룩한 클럽의 멤버들은 졸업해 옥스포드를 떠났다. 웨슬리 형제들은 미국의 조지아 주 선교사로 나갔고 횃필드는 그들을 따라 미국으로 가기 전에 수도원으로 향했다. 미국에서 시작한 존 웨슬리의 선교 사역은 하나의 재앙이었다. 그는 깊은 우울감에 빠져 영국으로 돌아가기 위해 항해 길에 올랐다. 그때 사나운 폭풍이 닥쳤고 그는 배 안에 있던 모라비아교도 승객들이 보여 준 깊은 평안에 충격을 받았다. 그 모습은 그가 알지 못했던 평안이었다. 이 일이 있은 후 그는 일기에 "저는 인디언들을 회심시키려고 여기 왔습니다. 그런데 하나님, 저는 누가 회심시킬까요?"라고 적었다.

그로부터 오래지 않아 그는 런던 올더스게이트 스트리트 (Aldersgate Street)에서 모이는 모라비아 교도들의 모임에 초청을 받고 마지 못해 수락했다. 한 사람이 루터의 《로마서 서문》을 소리 내어 읽고 있었다. 이것을 들을 때 웨슬리는 복음의 핵심 진리를 깨달았다. 그는 "내 마음이 이상하게 뜨거워졌다. 나는 구원을 위해 그리스도만을 신뢰한다고 느꼈다. 그리스도께서 내 죄까지도 없애셨다는 확신이 들었다"라고 썼다. 그리고 그날, 1738년 5월 24일에 이 헌신적이고 지성적이지만 영적으로는 눈이 어두웠던 목회자가 그의 형제 찰스와 조지 횟필드가 조금 앞서 경험했던 중생을 드디어 경험한 것이다.

온 나라를 휩쓴 부흥의 일꾼들

아마도 1739년 1월은 곧 온 나라를 휩쓴 놀라운 부흥의 기점이 되었던 것 같다. 조지아 주에 있는 고아원을 위한 기금을 마련하고자 미국에서 돌아온 횟필드는 그 달에 사제로 안수를 받았다. 그와 웨슬리 형제들은 페터 레인(Fetter Lane)에서 모이는 기도회 모임에 참석했다. 존 웨슬리는 그 일에 대해 다음과 같이 말한다. "새벽 3시경에 우리가 계속 기도하고 있을 때 하나님의 능력이 우리에게 강하게 임했다. 그래서 많은 이들이 넘치는 기쁨으로 소리를 질렀고 또 많은 이들은 땅에 엎드러졌다. 전능하신 하나님 앞에서의 경외감과 놀라움이 약간 회복이 되자 마자 우리는 한목소리로 외쳤다. '오 하나님, 당신을 찬양합니다. 당신이 주님이심을 우리가 인정합니다.'" 이 특별한 기도 모임이 부흥의 시작이었다.

비록 부분적이긴 하지만 비슷한 선례가 있었다. 청교도들은 개인적인 회개와 거룩한 삶의 필요성을 강조했다. 그리고 그들의 몇몇 저술들, 특히 존 번연(John Bunyan)의 《천로역정》은 널리 보급되어 많은 사람이 읽을 수 있었다. 개인적인 회심을 매우 강조하는 모라비아 교회 교도들은, 주로 유럽 대륙에서 사역을 했지만 영국에서도 활발하게 선교 사역을 이어가고 있었다. 그리고 이들은 존 웨슬리에게 강력하게 영향을 미쳤다. 하지만 다른 무엇보다 조나단 에드워즈(Jonathan Edwards)가 이끄는 미국의 대부흥(the Great Awakening)은 약 10년 일찍 시작되었다. 이 소식은 빠르게 퍼져 나가며 하나님께서 새로운 방식으로 일하고 계신다는 놀라운 확신을 갖게 했다.

순회설교자 존 웨슬리와 조지 휫필드

어쨌든 조지 휫필드는 자유케 됨을 경험한 사람이었다. 그는 더 이상 구원의 근거로 은혜와 행위를 설교하지 않고 단지 은혜만을 설교했다. 그는 더 이상 준비한 원고를 읽으면서 설교하지 않았다. 그는 즉흥적으로 설교하기 시작했다. 그는 더 이상 교회 안에서만 설교하지 않고 말씀을 들고 바깥으로 나갔다. 페터 레인에서 성령으로 충만케 되는 경험을 한 지 겨우 한 달이 지났을 때, 그는 브리스톨 킹스우드(Kingswood)의 석탄 광부들이 자신의 설교에 대해 엄청난 반응을 보이는 것을 보았다. 곧 그는 2만 명이나 되는 사람들 앞에서 설교했고 많은 사람들이 눈물과 석탄가루가 뒤범벅이 된 얼굴로 회개하고 믿음을 가지게 되었다.

비록 대부분의 교회들은 그들을 받아주지 않았지만 휫필드는 글로스터를 비롯한 다른 도시들에서 초청을 받았다. 또한 런던의 공립 공원들에도 나갔는데 거기서 그는 종종 거의 4만 명이나 되는 사람들 앞에서 말씀을 전했다. 대중에게 연설할 수 있는 시스템이 없던 당시로는 이것은 아주 놀라운 일이었다. 하지만 그는 브리스톨 지역으로 돌아가기를 원했고, 존 웨슬리에게 함께 가자고 요청했다. 얼마 되지 않아 휫필드는 고아원에 필요한 재정을 모두 모았는데 영국 선교는 웨슬리에게 맡기고 자신은 미국으로 돌아갔다. 존 웨슬리는 처음에는 야외에서, 그리고 다른 사람의 교구에서 설교하는 것을 꺼려했다. 하지만 이내 그는 거리끼는 마음을 극복하고 세계가 자신의 교구라고 선언했으며, 휫필드가 시작한 일을 이어갔다.

이 두 사람의 스타일은 아주 달랐다. 휫필드는 우렁차고 강한 목소리를 가지고 있었고 타고난 연설가였다. 그는 예배당에는 한 번도 가본 적이 없지만 그의 말을 들으려고 야외로 모여든 광부들과 소몰이꾼들과 생선 장수들에게 대단한 호소력을 가졌다. 그뿐 아니라 그는 헌팅던(Huntingdon)의 백작 부인의 살롱에 모이는 지식인 층에게도 상당한 호소력이 있었다. 그는 청중들의 마음에 단도직입적으로 말했으며 언제나 자신의 삶을 바꿔놓은 중생에 대해 이야기했다. 횟필드는 세례와 도덕적 개선, 교회 출석, 종교적 관행을 지키는 것으로는 하나님 나라에 들어가지 못한다고 말했다. 하나님 나라에 들어가는 것은 중생만으로 충분한데, 이 중생은 하나님의 주권적인 역사라고 전했다. 하지만 회개와 그리스도께서 십자가에서 이루신 일을 믿는 것은 인간의 할 일이었다. 어느 날은 한 저명한 부인이 횟필드의 설교를 들으러 왔는데 그는 "네가 거듭나야 하리라"는 본문으로 설교를 했다. 흥미를 느낀 그녀는 저녁 집회에도 나왔는데 그는 그때도 똑같은 주제로 설교했다. 나중에 그녀는 횟필드를 따라와서 왜 동일한 설교를 반복했는지를 물었다. 그러자 그는 이렇게 대답했다. "부인, 당신이 반드시 거듭나야만 하기 때문입니다." 이 대답은 그의 열정과 한결같은 마음을 잘 드러내 보여 준다.

웨슬리의 설교 스타일은 이와는 아주 달랐다. 그는 학구적이었으며 횟필드보다는 감정을 훨씬 덜 드러냈다. 그는 정확성에 좀 더 많은 신경을 썼고 설교를 짧게 했으며 웅변의 기술을 과시하려 하지 않았다. 그는 심지어 처음부터 자기 설교문을 읽기도 했다. 그러나 그 역시도 즉흥적인 설교를 아주 잘 했다. 그의 복음전도 설교에는 한 가지 패턴이 있었다. 복음에 관심이 없는 사람들에게는 죽음과 지옥에 대해 이야기했다. 각성은 했지만 회심에 이르지 못한 사람들에게는 회개와 믿음에 대해 이야기했다. 신자들에게는 "온전함" 곧 성숙함에 이르도록 계속 전진해야 할 필요성에 대해 이야기했다.

그의 글에는 "내가 그들을 그리스도께 드렸다"라거나 "나는 우리 주 예수 그리스도의 은혜를 선포했다"라거나 "나는 하나님의 값없는 은혜를 선언했다"라거나 "모든 죄책감과 무력함을 느끼는 모든 죄인들을 초대했다"라는 말들이 반복적으로 나타난다. 휫필드가 하나님의 주도권에 더 초점을 맞추었다면 웨슬리는 인간의 반응의 필요성에 더 초점을 맞추었다. 이러한 차이점들에도 불구하고 이 두 사람은 모두 18세기 대부분의 설교자들처럼 단지 정보를 나눠 주는 데서 그치는 것이 아니라 사람들이 결단에 이를 수 있도록 신념을 갖고 설교한 복음전도자들이었다. 그들의 설교를 듣는 사람들은 하나님의 말씀을 들을 뿐 아니라 그 말씀에 전율했고 그 말씀에 반응했다.

죄인임을 고백하는 군중들

그들은 3년 동안 런던과 서부 지역(the West)에서만 설교했다. 그 후 휫필드가 미국에 가 있는 동안 웨슬리는 런던에서 뉴캐슬(Newcastle)까지 영국 전역을 말을 타고 달리며 군중을 모을 수 있는 곳이면 어디서든지 말씀을 전하기 시작했다. 웨슬리는 하루에 약 40마일을 말을 타고 이동하면서 지나는 모든 마을에서 말씀을 전했다. 이것은 엄청나게 힘든 일이었다. 예를 들어 1739년 10월의 어느 날 그는 오전 5시에 글로스터(Gloucester)에서 2천 명도 넘는 사람들에게 설교하고, 11시에 런윅(Runwick)에서 1천여 명의 사람들에게 설교하고 오후에 다시 설교했다. 그런 다음 그는 스탠리(Stanley)로 가서 약 3천 명의 사람들에게 설교하고 그런 다음 에블리(Ebly)에 가서 설교를 마친 뒤에야 하루를 마감했다. 그는 무려 41년 동안 이와 같은 일을 지속했다!

그들의 복음전도에 대한 반응은 엇갈렸다. 전도자들은 자주 폭행을 당했고, 오물을 뒤집어썼으며, 돌이나 몽둥이에 맞아 피투성이가 되기 일쑤였다. 하지만 일부의 이런 반응에도 불구하고 그들의 업적은 그야말로 놀라웠다. 휫필드와 웨슬리 형제가 가는 곳마다 군중이 몰려 들었다. 그들이 어떤 모습이든지 하나님이 그들을 사랑한다는 소식과 그리스도가 그들 각 사람을 위해 죽으셨다는 사실, 이 자비로우신 하나님께 값없이 나아갈 수 있게 된 일의 신비는 온 나라에 즉각적이면서도 심오한 영향을 주었다. 말씀은 들불처럼 퍼져 갔다. 사람들은 자신이 죄인임을 깨닫고 땅에 엎드러져서 고뇌로 몸부림쳤으며, 그리스도 안에서 주어진 새 생명에 대한 확신을 가지게 되었다. 이 전도자들의 목표는 혁명적이었고 단순했다. 그것은 영혼을 구원하고 삶을 변혁시키는 것이었다.

존 웨슬리의 독특한 모델, 속회 모임

웨슬리의 도시 전도에서 한 가지 중요한 특징이 생겨 났다. 웨슬리는 약 30명의 동료들과 한 팀으로 전도 여행을 하곤 했다. 찰스 웨슬리가 작곡한 찬송들을 불렀고 설교가 끝나면 팀은 군중 속을 왔다갔다하면서 사람들에게 회개와 믿음으로 말씀에 반응하도록 도전하고 그들을 속회 모임(class meeting)에 초청하곤 했다.

이 속회 모임은 웨슬리의 사역이 휫필드의 사역보다 훨씬 더 지속할 수 있었던 가장 중요한 방편이었다. 새신자들이 홍수처럼 밀려들었는데 이들은 누군가에게 양육을 받을 필요가 있었다. 매일 아침 5시에 열리는 기도 모임이 나름대로 역할을 하긴 했지만 더욱 개인적이고 의도적인 무언가가 필요했다. 웨슬리는 사람들에게 교구 교회들에서 예배드리는 것을 우선순위로 삼으라고 요청했지만, 그들이 이와 같은 양육을 그 교회들에서 받을 수 있을 가능성은 분명 없었다. 따라서 무언가가 필요했다. 존 웨슬리는 이렇게 기록했다. "몇 개월이 안 되어 '하나님을 두려워하고 의의 일을 행하기' 시작했지만 하나로 연합되지 못한 사람들의 상당수가 심령이 연약해져서 원래 모습으로 되돌아갔다. 그러는 사이 함께 연합된 사람들 중 더 많은 수가 계속해서 '좁은 문으로 들어가기'를 힘썼고 '영생을 붙들기'를 애썼다." 속회 모임은 바로 이렇게 시작된 것이다.

이제 모든 감리교 신자들은 교구에 있는 교회에 참석할 뿐 아니라 일주일에 한 번 속회 모임에도 참석해야 했다. 이 속회는 평신도들이 이끌었고 두 가지 목적에 기여했다. 속회는 한편으로 새신자들에게 양육과 상호 책임적 관계를 제공했다. 다른 한편으로 속회는 리더십을 맡은 사람들에게 소중한 훈련의 장이 되었다. 속회는 속회 리더와 부리더, 병자 심방자(sick visitors)와 총무(stewards)로 조직되었다. 따라서 이 한 가지 변화를 통해 웨슬리는 자기 뒤를 이은 전도자들이 직면했던 두 가지 가장 큰 문제, 곧 부리더를 훈련하고 새신자를 양육하는 일에서 큰 진전을 거두었다. 사람들이 모이던 집들은 그곳으로 몰려드는 많은 사람들을 수용하기에는 부족했다. 이리하여 웨슬리는 채플 건물들을 짓게 되었다.

대부분의 교회들이 그의 사역을 배척했음에도 웨슬리가 성공회에 남아 있으려 했다는 증거로 어떤 채플이나 비공식적인 모임도 불법이 아니었다는 점에 주목해야 한다. 웨슬리 자신이 회심을 경험한 것도 비공식적인 모임 중 하나에서였다. 비록 웨슬리는 죽을 때까지 성공회 교인으로 남았지만 이 속회 모임들은 감리교회로 발전하게 된 훌륭한 씨앗들이었다. 그를 통해 회심한 사람들 대부분이 속회 모임은 유익하지만 교회 예배는 너무 따분하다고 여겼기에 분리는 불가피했다. 영국 성공회 안에 남은 회심자들은 복음주의자들(Evangelicals)이라고 불렸고, 떠난 자들은 감리교회(Methodists)라는 이름을 가지게 되었다. 어쨌거나 이 정기적인 가정 모임들은 격려와 훈련과 이 운동의 주요 강조점 가운데 하나인 거룩한 삶에 이르도록 서로를 돕는 데 귀하게 사용되었다. 웨슬리는 그 자신이 살아 있는 믿음을 발견한 지 1년도 채 안 되던 때인 1738년 성탄절에 이 속회 모임의 회원 자격 조건에 대한 글을 썼다. 이러한 사실은 그가 가졌던 조직의 은사와 부흥이 진행된 속도를 입증해 준다.

웨슬리는 평신도 리더십을 강조했기에 일부 평신도들이 공적인 자리에서 설교하기 시작한 것은 그리 놀랄 일은 아니다. 하지만 웨슬리도 처음에는 그들에게 설교를 중단하도록 권했다. 하지만 그의 어머니는 그의 그런 행동이 성령을 거스르게 될 수도 있다고 말했다. 웨슬리는 지혜롭게도 어머니의 말을 받아들였고 평신도 설교자들은 감리교의 일상적인 특징이 되었다. 그리고 이내 평신도 설교자들은 매년 컨퍼런스로 모이게 되었다.

찰스 웨슬리의 찬양 사역

복음전도자들이 실외에서 설교하는 것, 또 회심자들로 하여금 평신도들이 인도하는 작은 모임(little societies)에 모이게 하는 것은 웨슬리와 그의 동료들이 시작한 부흥의 두 가지 특징이었다. 그런데 무언가가 빠져 있었다. 군대를 모으고 훈련시킬 수는 있지만 승리의 개선 행진을 할 수 있기 위해서는 음악의 영감이 필요했다. 이 음악의 영감은 주로 존 웨슬리의 동생인 찰스 웨슬리가 제공했다. 그는 '비바람이 칠 때와'(찬 388장)을 비롯해 '예수 부활했으니'(찬 164장), '하나님의 크신 사랑'(찬 15장) 등의 최고의 찬송들과 그 외 다수의 찬송들을 영어로 만들어 냈다. 이 찬송들은 한 권의 찬송책으로 엮어졌으며 감리교에 음악적 영감이 되었을 뿐 아니라 교리의 표준이 되었다. 이 찬송책은 또한 대부분의 교육받지 못한 신자들에게 복음의 진리와 열정을 불러넣어 주었다.

복음전도자들의 거룩한 삶의 모범

이 장에서 우리는 영국에서의 복음주의 부흥(Evangelical Revival)을 간단하게 살펴볼 수밖에 없었다. 우리는 휫필드를 좇아 그가 대각성 운동(the Great Awakening) 기간 동안 가장 놀라운 영향을 준 미국으로 가지는 못했다. 또한 윌리엄 로메인(William Romaine)과 헨리 벤(Henry Venn), 윌리엄 그림쇼(William Grimshaw) 같은 웨슬리와 함께 사역했거나 그로부터 영감을 받은 다른 위대한 지도자들 역시 다루지 못했다. 또한 웨슬리와 휫필드를 갈라서게 한 교리적 차이에 대해 살펴보거나 웨슬리의 완전(perfection)의 교리에 대해서도 면밀히 검토해 보지 못했다.

하지만 어느 복음전도자에게든지 신뢰성을 확보하기 위해 매우 중요한 한 가지 영역만큼은 반드시 언급할 필요가 있다. 바로 복음전도자들의 생활 방식이다. 웨슬리와 휫필드 모두 거룩한 삶을 추구하는 데 있어 탁월했다. 이 두 사람 모두 불명예스러운 평판이나 소문이 전혀 없었다. 웨슬리는 자기 수입의 대부분을 가난한 자들에게 나눠 주었고, 휫필드는 자기 수입을 고아원에 헌금했다. 그들은 성화의 삶에 대해 설교했을 뿐 아니라 그 삶을 직접 구현해 냈다. 무엇보다 그들이 가르치고 구현한 성화의 삶은 영국 전역의 감리교인들의 특징이었다.

W. E. H. 렉키가 저술한 〈18세기 영국의 역사〉(*History of*

England in the Eighteenth Century)에서 우리는 이런 글을 읽을 수 있다. "[감리교 교사가] 가르친 교리들과 그가 강조했던 삶의 이론은 엄청나게 많은 사람들 안에 초기 기독교와 비교해도 뒤지지 않는 경건에 대한 열정을 불러 일으킨다. 그들은 뿌리깊은 악덕을 근절하고, 지옥을 향해 폭주하는 충동적이고 격렬한 본성을 고치고 선도할 수 있음을 보여 주었다. 감리교는 가장 잔인하고 가장 무시받는 사람들의 마음에 열렬하고 지속적인 종교적 정서가 자리잡게 했다."

가난한 자들에게 다가가는 이 열정을 잃어버리고 속회 모임을 포기했을 때 감리교가 쇠퇴하게 되었다는 점도 여기에 덧붙여 말할 수 있을 것이다.

영국이 경험한 이 강력하고도 가장 큰 부흥에서 어떤 요소들이 두드러지는가?

1. 종교적인 삶과 자기 절제의 삶이 그리스도인으로 사는 것이 아님을 발견한다. 그리스도인에게 중생은 필수적이다. 또한 교회는 거듭난 사역자들이 없이는 아무것도 이룰 수 없다.
2. 성령의 역사와 능력에 대한 강조가 두드러진다. 영국에서 일어난 복음의 부흥은 미국의 부흥과 짝을 이루며 진행되었고 오랫동안 잠자고 있던 성령의 은사들이 재확인되었다. 웨슬리는 사람들이 회개에 이르도록 성령이 선재적으로 역사하심

과 사람들이 회심 이후 변화된 삶을 살면서 맺는 성령의 열매에 대한 강한 확신이 있었다.

3. 회개하고 믿는 죄인들에게 주시는 하나님의 값없는 은혜에 대한 진리가 형식주의와 무관심에서 길을 잃은 교회의 잔해 속에 묻혀 있다가 새롭게 발굴되었다.

4. 야외 설교와 속회 모임, 평신도 리더 세우기와 같은 새로운 일을 기꺼이 하고자 하는 의지.

5. 복음의 대의를 위해 몸 바쳐 헌신하고 수치와 박해와 신체적 위해도 감내하려는 의지.

6. 효과적인 전도를 위한 연대와 평신도의 참여 및 예배 음악의 중요성.

7. 체계화된 새신자 후속 양육 및 훈련.

8. 자신들이 전하는 메시지를 실제 삶을 통해 보여 주는 리더들의 경건한 생활 방식.

9. 훌륭한 조직의 중요성.

9

18-19세기
사회변혁
_ 윌리엄 윌버포스, 찰스 시므온

노예제 폐지 등 정의를 외치며 사회를 바꾸다

복음주의 부흥의 열매는 온 나라에 영향을 미쳤는데 18세기 후반과 19세기 초반은 이것을 아주 잘 보여 준다. 이 기간에 대한 풍성한 자료들 가운데 나는 그 자체로 중요하고 우리가 오늘날의 복음전도를 생각할 때 상관성이 있는 네 가지 복음전도 사역을 살펴보고자 한다.

상상력이 풍부한 전도하는 성직자

우리가 앞서 살펴보았듯이, 존 웨슬리의 죽음 이후에 감리교는 영국 국교회에서 분리해 나갔다. 그리고 영국 국교회에 남은 '열심 있는 사람들'(enthusiasts)은 복음주의자(Evangelicals)라는 이름을 취했다. 이 이름은 적절한 이름이라고 할 수 있는데, 복음이 그들의 삶의 열정이었기 때문이다. 그들에게는 새롭다거나 독특한 교리가 없었다. 그들은 그저 성경의 가르침에 충실하고자 했다. 하지만 그것은 어려운 일이었다.

이 즈음에 감리 교회들은 런던에 있는 교회 건물들을 훌륭하게 확보한 반면, 영국 국교회의 경우에는 오랫동안 세인트던스탠교회(St. Dunstan)가 유일한 교회였다. 여기에서 그저 한 명의 '설교자'에 지나지 않았던 윌리엄 로메인(William Romaine)이 수 년 동안 영리하고 지속적인 반대와 싸운 끝에 그 도시에서 가장 유명한 설교자요 복음전도자로 알려지게 된다.

영국 국교회는 하나님의 은혜와 그리스도의 대속의 십자가와 변화된 삶을 열매로 맺는 믿음의 중요성에 대해 설교하는 이 열심 있는 사람들에 대해 적대적이었다. 주교들과 목회자들은 필요 이상으로는 드리지 않는 형식적인 예배와 둔감하고 관습적인 도덕을 선호했다. 하지만 그들이 결코 무시하거나 잠잠케 할 수 없는 한 사람이 있었다. 바로 백작의 딸이자 또 다른 백작의 아내인 헌팅던 부인(Lady Huntingdon)이었다. 그녀는 자신을 위해 목사들을 세우고 런던 및 다른 지역에 소유하고 있는 자신의 집들을 영적인 모임에 사용했다. 그녀는 휫필드의 열렬한 지지자 중 한 사람이었다. 휫필드는 그녀의 런던 저택에서 종종 화려한 귀족들과 심지어 왕족들 앞에서 말씀을 전하곤 했다. 그녀는 목사들이 자신이 속한 사회 계층 사람들에게 복음을 전하는 일을 후원하기 위해 자기가 가진 보석을 내다 팔았다. 결국 지속적인 반대로 인해 그녀는 영국 국교회를 떠나서 헌팅던 백작 부인의 커넥션(Countess of Huntingdon's Connexion)을 따로 설립하게 되었는데, 이 공동체는 비록 작은 규모지만 오늘날에도 존재하고 있다.

영국의 다른 지역에서는 각성 운동에 매료된 성직자들이 신앙을 전파하기 위해 수고하고 있었다. 북쪽 요크셔에서 사역하던 윌리엄 그림쇼(William Grimshaw)는 인상적인 전도자였다. 그는 하워스(Haworth)라는 마을의 교구 목사였는데 이 마을은 공공연하게 이교 신앙으로 빠져버린 듯했다. 그러나 그림쇼는 마을 사람들 못지않게 거칠고 두려움이 없었고 의지가 강했다. 그는 일요일 축구 경기를 중단시켰고, 마을 사람들 대부분을 교회로 나오게 했는데, 거기서 드렸던 그의 기도들은 사람들의 뇌리에 깊이 박혔다. 에라스무스 미들턴(Erasmus Middleton)이 잘 표현하듯이, "그는 발은 땅에 붙이고 있지만 영혼은 하늘에 둔 사람 같았다." 그는 요크셔를 두루 다니면서 성경을 읽는 중간 중간에 자신의 코멘트를 넣어 읽으면서 메시지를 전했다. 그리고 설교 시간 전에 시편 찬송을 드리는 동안 채찍을 가지고 거리로 나가서 빈둥거리는 사람들을 보면 교회로 몰아갔다! 그는 힘 있는 설교자로서 그리스도의 십자가를 강조했지만 어설픈 유머도 많이 사용했는데 청중은 그런 유머를 즐겨 들었다. 그는 자신이 언제나 '시장에서 통하는 언어로' 설교했다고 자랑하곤 했는데 이것은 당시 성직자 중에서는 흔히 볼 수 있는 일이 아니었다.

허더스필드(Huddersfield)의 헨리 벤(Henry Venn)은 북부 지역의 또 다른 위대한 전도자다. 그림쇼와 마찬가지로 그는 외딴 농장들과 오두막들에서 사는 잘 알려지지 않은 교구 성도들에게 복음을 전하려고 말을 타고 이동하면서 자신의 시간 중 많은 시간을 사용했다. 많은 사람들이 그의 교회로 몰려들었는데 이는 종종 교회가 수용할 수 있는 한계를 넘어섰다. 이와 같은 일이 벌어지면 그는 바깥으로 나가서 말씀을 전했다. 그는 수천 명의 사람들의 마음을 감동시켜 회개하고 눈물을 흘리게 만드는 은사를 가졌다. 우리가 곧 살펴볼 찰스 시므온(Charles Simeon)은 그에 대해 이렇게 말한다. "그의 삶의 유일한 목적은 모든 사람이 예수 그리스도의 얼굴에 있는 하나님의 영광을 보게 만드는 것이었다." 그는 상식이 대단하여 사람들이 종종 그에게 조언을 구하곤 했다. 하지만 그 모든 것의 이면에는 그들을 그리스도께로 인도하려는 마음이 있었다. 그는 사람들이 경험하는 일반적인 어려움들에 대해 다루는 *Complete Duty of Man*(인간의 의무)이라는 중요한 책을 저술했다. 그 책에서 벤은 인간의 일반적인 문제들을 계속해서 그리스도를 가리키는 방식으로 다루었다. 이 책은 시의적절했고 영국의 많은 지역으로 퍼져 나갔다.

세번 강에 있는 메이들리(Madeley)의 플레처(Fletcher)는 또 한 명의 18세기 최고 복음전도자였다. 그는 성인과 같은 성품으로 유명했다. 비록 메이들리라는 큰 마을이 모든 면에서 그림쇼의 마을만큼이나 방탕하고 이교적이었지만, 플레처는 그 사람들을 사랑하여 일체의 승진 제안뿐 아니라 순회 전도자가 되라는 웨슬리의 제안도 거절한 채 거기서 25년을 지냈다. 그가 시작한 작은 교회는 성장해서 교회가 협소하게 되었다. 그는 사람들이 교회 마당에 서서 설교를 들을 수 있도록 설교단 가까이에 있던 창유리도 제거했다! 하지만 플레처는 사람들로 가득찬 교회로 만족하지 못했다. 그는 아이들을 위한 주일학교를 시작했으며 여름에는 숲 속에서 예배를 드렸다.

평일마다 그가 맡은 교구 어딘가에서는 예배가 드려졌는데 그는 결신한 사람들을 가정 그룹들에 모으고 그들에게 세심한 양육을 제시해 주었다. 하지만 그의 가장 큰 은사는 개인 전도에 있었던 것 같다. 그는 일상생활에서 교훈을 이끌어 내는 데 능숙했다. 그는 어떤 여성의 시장 바구니를 대신 들어 주면서 그녀 대신에 더 무거운 짐을 지려고 죽으신 분에 대해 전했다. 총을 가진 농부에게는 표적을 빗나간 것이 죄라고 설명했다. 빗자루로 바닥을 쓸고 있는 여인과 대화하면서는 그녀가 자기 인생의 잡동사니를 치우는 데도 신경을 쓰고 있는지를 질문했다. 이 자연스러운 일대일 전도의 은사는 우리가 수고를 감내한다면 얼마든지 배울 수 있는 은사다.

다음으로, 회심한 노예 무역상 존 뉴턴(John Newton)을 들 수 있다. 그는 나중에 안수도 받았다. 그는 버킹엄셔(Buckinghamshire)의 큰 마을인 올니(Olney)에서 일했는데 그곳은 그가 적은 대로 "거의 굶어 죽을 만큼 핍절하고 누더기처럼 된 사람들이" 사는 곳이었다. 그는 노예 제도 이슈에 대해 윌리엄 윌버포스(William Wilberforce)와 긴밀하게 협력했다. 그뿐만 아니라 그는 유능한 전도자요 탁월한 찬송가 작가였다. 그는 주중 기도 모임을 위해 찬송가를 많이 지었는데, 그중에서 "자비로운 주 하나님"(Amazing Grace)과 일부 찬송은 우리가 지금까지도 부른다.

그러나 이들과 그 외 산발적으로 등장한 소수의 사람들을 제외하고는 웨슬리와 휫필드 이후 수십년간 영국은 전반적으로 영적으로 어두웠다. 국왕 조지 3세(George III)는 제정신이 아니었고 미국은 영국의 지배에 반기를 든 상황이었다. 프랑스 혁명은 영국 사람들 마음 속에 두려움을 가져다주었다. 그들은 프랑스에 일어났던 것과 똑같은 일이 영국에도 일어날 수 있음을 알았다. 하나님은 믿지만 기독교의 고유한 진리는 믿지 않는 일원론(Unitarianism)은 교육을 받은 사람들 사이에서 지배적 신조가 되었고 대중은 무지와 방탕한 습관에 빠져 있었다. 정말 어둠에 잠긴 시기였다. 그럼에도 불구하고 이 영웅적인, 전도하는 성직자들은 복음에 여전히 능력이 있으며 복음이 사람들과 사회를 여전히 변화시킬 수 있음을 보여 주었다.

노예 무역 폐지를 위해 한평생을 보낸 윌버포스

웨슬리와 휫필드가 설교한 복음이 18세기와 19세기 초의 영국에서 사회의 태도(social attitudes)를 바꾸지 못했더라면 그것은 보잘것없는 것이 되었을 것이다. 이 복음 운동은 그 역동성을 잃은 채 경건주의로 끝나고 말 것인가? 아니면 사회 안에서 강력하고 지속적인 힘이 될 것인가? 그 대답은 클래펌 종파(Clapham Sect)라는 재능 있고 뛰어난 평신도 집단에서 찾을 수 있다. 이들은 당시 런던 인근의 클래펌(Clapham)이라는 작은 마을에 살고 있었기에 그렇게 알려지게 되었다. 은행가인 헨리 손턴(Henry Thornton)과 동인도 회사(the East India Company)의 회장인 찰스 그랜트(Charles Grant), 시에라리온 총독인 재커리 머콜리(Zachary Macaulay), 인도의 총독이었던 테인머스 경(Lord Teignmouth)과 윌리엄 윌버포스(William Wilberforce)가 이 집단에 속했다. 그들은 영국 내에서 실력자들이었다.

이들 중에서 가장 중요한 사람은 아마도 윌버포스일 것이다. 1759년에 태어난 그는 작고 병약했으며 21세의 나이에 유럽 여행을 하면서 회심할 때까지 영적인 일에 대한 관심을 거의 보이지 않았다. 그 당시 그는 아직 대학생이었지만 의회에 입성해 있었다. 회심은 그의 삶과 태도를 바꿔 놓았다. 그는 매일 3시간 동안 기도와 성경 공부를 했다. 그는 자기 절제를 매우 잘 했으며 돈을 써야 할 때는 후했다. 그리고 자신이 믿는 기독교 신앙을 정치에도 가져갔다. 그는 의회에서 가장 연설을 잘하는 사람이라는 평판을 얻었다. 노예들이 아프리카에서 아메리카 대륙으로 옮겨지는 열악한 여건과 농장에서 그들에게 가하는 끔찍한 학대 행위에 대해 알게 되었을 때, 그는 이 일에 대해 깊이 우려했다. 이 노예 무역은 이윤이 많이 나는 대규모 무역으로 영국과 미국의 부유한 상인들 사이에 아주 인기가 있었다. 그것을 중지시킨다는 것은 분명 엄청나게 어려운 일일 것이다. 그는 노예들을 강력하게 변호하는 일의 속도를 내지 못한 채 더 저명한 누군가가 나타나기를 겸손하게 기다리고 있었다.

하지만 1787년에 수상인 그의 친구 윌리엄 피트(William Pitt)에게 자극을 받아서 그는 반노예무역운동을 시작했고 죽을 때까지 그 운동을 이어갔다. 많은 사람들이 이 수익성 높은 무역에 투자를 했기 때문에 반대가 클 수밖에 없었다. 2백 척도 넘는 영국 배가 이 무역을 하고자 브리스톨에서 출항했다. 이 배들은 아프리카 마을들을 습격해 농장 일을 시키기 위해 남자와 여자 어린아이들을 미국으로 이송했다. 기나긴 항해의 여건은 참혹했다. 미국으로 이송된 총 1천만 명 중에서 150만 명은 항해 중에 죽은 것이 분명했다. 이 일은 수년 동안 계속되었는데 심지어 횟필드같이 선량하고 양식 있는 사람들도 그것이 잘못되었다고 보지 않았다. 그러나 윌버포스와 클래펌 종파의 친구들은 이 비인

간적인 노예 무역을 없애 버리기로 작정했다. 선주들과 노예상들과 금융 회사들과 농장주들 모두가 격분했다. 왕은 클래펌 종파를 공포 통치를 꾀하는 혁명가들로 보고 그들을 단호하게 적대시했다. 넬슨 경(Lord Nelson)은 "윌버포스와 그의 위선적인 동지들의 저주받아 마땅한 교리"에 대해 격렬히 비난했다.

이 모든 반대를 받으면서도 윌버포스는 의회에서 용감하게 싸웠다. 열한 번이나 반노예제도 법안이 의회에 상정되었지만 열한 번 모두 논쟁 끝에 결국 통과되지 못했다. 싸움은 20년간 계속되었다. 대중들을 교화해야 했고, 더 많은 증인들을 모아야 했으며, 청원서들을 정리해야 했고, 소위원회에 참석해 논쟁들에서 이겨야 했다. 윌버포스의 클래펌 종파 친구들은 쏟아져 들어오는 모든 증거들을 면밀히 조사하기 위해 각자 일주일에 한 번씩 밤을 새기로 했다. 의회 밖에서는 존 뉴턴과 같은 든든한 지지자를 얻었는데, 뉴턴은 그 자신이 회심한 이후에도 몇 년씩이나 노예 상선의 선장으로 있었던 사람이다. 뉴턴은 노예 무역이 잘못된 것이라는 확신을 가지게 된 후로 윌버포스를 강력하게 지지했다. 노예 제도는 1807년에 영국에서 법으로 금지되었다. 하지만 이 싸움은 윌버포스의 건강을 무너뜨렸다. 하지만 그는 눈을 감기 바로 직전에 모든 노예들이 해방되고 노예 제도가 대영제국 전역에서 폐지되는 것을 볼 수 있었다.

이 놀라운 성취를 이루는 데 가장 주된 역할을 한 사람이 윌버포스라는 것을 부인할 사람은 아무도 없을 것이다. 그리고 그가 그와 같이 끊임없이 애쓰도록 이끈 것이 복음주의적 기독교 신앙이었다는 점 역시 아무도 부인할 수 없을 것이다. 노예의 주인인 빌레몬이 도망친 노예 오네시모를 더 이상 노예가 아니라 형제로 다시 받아주도록 이끈 그 믿음이(몬 1:16) 윌버포스로 하여금 이 모든 노예들을 존경을 받아 마땅한 형제로 보도록 이끈 것이다. 그리고 이 행동을 통해 윌버포스는 복음전도에 있어서 위대한 발걸음을 내딛었다. 이 행동은 복음 선포와 사회적 관심 사이의 필연적인 연관 관계를 잘 보여 주었다. 노예 해방은 노예였던 많은 사람들뿐 아니라 그때까지 그런 악한 노예 무역을 용인함으로써 그 양심이 어두워졌던 영국 내 많은 이들도 회심하도록 이끌었다. 사도 바울은 믿음은 행함을 통해 증명되어야 한다고 주장했는데 윌버포스와 그의 친구들은 이 놀라운 일을 통해 분명 믿음을 보여 주었다.

윌버포스는 영국이 배출한 가장 위대한 인도주의적 영웅들 중 한 명이라는 찬사를 받는데 이는 너무나 적절하다. 하지만 그는 혼자 힘으로 이 일을 한 것이 아니다. 그가 인내하며 초지일관할 수 있었던 것은 매일 하나님과 함께하는 묵상과 기도의 시간이 있었고 클래펌 종파 친구들의 지지와 격려에 힘입은 바가 크다. 우리가 살펴본 것처럼, 이 사람들은 부유하고 영향력 있는 사람들로서 감리 교회가 가난한 사람들에게 그러했듯이 상류층

전도에도 성공적인 결과를 거두었다.

사람들은 그들을 '성자들'이라 부르며 비웃고 조롱했지만 그들의 지극히 절제된 삶과 그들이 수입에서 스스로를 위해 남겨두는 것보다 훨씬 더 많은 부분을 나누어 주었다는 사실은 알지 못했다. 이 집단의 순전한 동반자 정신과 서로 간의 애정은 윌버포스를 비롯하여 그들 중 어느 한 사람이 혼자 힘으로 할 수 있는 것보다 훨씬 많은 일들을 할 수 있게 만드는 힘이 되었다. 그들은 병원을 세우고 자금을 조달했고, 가난한 사람들과 청각 장애자들과 시각 장애자들을 위한 학교들을 시작했다. 또한 빚 때문에 감옥에 갇힌 사람들의 석방을 위해 돈을 지불했고, 책을 빌려 주는 도서관을 세웠으며, 동물 학대를 방지하기 위한 단체를 만들었다.

그들은 자신들이 확신하는 것을 〈크리스천 옵서버〉(The Christian Observer)라는 새로운 저널을 통해 전파했다. 이 저널은 시장에서 판매되는 다른 어떤 저널보다 훨씬 저렴하였으며 이내 발행 부수가 크게 늘어났다. 기고자들은 주로 클래펌 사람들이었다. 그들이 사업을 하면서 얻은 세상의 여러 지역들에 대한 지식 덕에 그들의 글은 언제나 정확했고 배울 만한 내용이 많았다. 해외에서도 그들은 시에라리온(Sierra Leone)에 프리타운(Freetown)을 세우는 데 주된 역할을 했다. 프리타운은 영국의 아프리카 첫 식민지였는데 노예 무역의 폐지와 아프리카의 문명화, 복음을 소개하는 것, 이 세 가지 목적을 위해 건설되었다. 그들은 또한 해외 사역을 위해 기독교선교사협회(Church Missionary Society)를 설립하는 데 영향력을 발휘했으며, 기독교목회지원협회(the Church Pastoral Aid Society)를 통해 영국의 산업혁명으로 야기된 도시의 제반 필요들을 도울 수 있는 방도를 마련했다. 이두 협회는 오늘날에도 여전히 매우 효과적으로 그 사역을 이어가고 있다.

클래펌 종파가 당시의 영국의 모습을 바꾸었다고 해도 과언이 아닐 것이다. 이들은 헌신되고 재능 있는 그리스도인 친구들이 대의를 위해 한마음으로 헌신할 때 말과 행동으로 복음을 전함으로써 어떤 것을 이룰 수 있는지를 보여 주는 탁월한 예가된다.

외국 선교를 개척한 찰스 시므온

1759년에 레딩(Reading)에서 한 주목할 만한 사람이 태어났다. 찰스 시므온(Charles Simeon), 그는 살아 생전에 다른 어떤 대주교도 필적할 수 없는 큰 영향을 끼쳤다. 그가 케임브리지의 킹스칼리지(King's College)에 공부하러 갔을 때, 당시 그는 화려한 옷차림과 말(horses)을 좋아하기로 유명한 불량배였다. 하지만 학교에 들어가고 얼마 되지 않아 그는 학장으로부터 전통 규칙 때문에 자신이 3주 후 채플에서 있을 성찬식에 참석해야 한다는 말을 듣게 되었다.

마귀만큼이나 자신이 성찬식에 참석할 자격이 없다고 생각했던 그는 성찬식에 대한 책을 하나 구입했다. 그런데 바로 이 책 때문에 그는 회심하게 되었다. 그는 자기 삶을 그리스도께 헌신했는데 그 변화는 곧바로 나타나기 시작했다. 그는 성경을 연구하고 배운 것을 자기 생활 방식에 적용하기 시작했다. 23세의 젊은 나이에 그는 안수를 받고 킹스칼리지의 펠로우가 되었다. 그리고 그 다음 해에 그는 도심에 있는 성삼위교회(Holy Trinity Church)의 교구 목사가 되었다. 이 교회에서 그는 남은 여생을 보냈다. 다른 사람이 교구 목사가 되기를 원했던 이 교회 회중은 그의 삶을 괴롭게 만들었는데, 수년 동안 그를 반대하여 교회 본당에 있는 신자석들(box pews)을 자물쇠로 잠가버렸다. 그는 의자 옆 복도에 있는 사람들을 보고 설교해야 했는데 곧 복도는 사람들로 가득 찼다. 따라서 10년 이상을 그의 회중은 대부분 서서 설교를 들어야 했다. 그는 소란을 피우는 학생들의 반대와 언어적 폭력도 견뎌내야 했다. 하지만 그는 정중하고 끈질기게 자신의 일을 했고 마침내 케임브리지 최고의 설교자로 인정받았다.

찰스 시므온은 아주 진지했다. 꾸미거나 과시하는 법이 없었으며 강력하고 적절한 제스처와 함께 복음의 위대한 진리를 분명하고 매력적인 방식으로 제시했다. 그는 킹스칼리지에서 학장, 회계 담당, 부총장 등의 보직을 맡으며 주목받을 만한 이력을 가졌다. 하지만 지식인들만큼이나 가난하고 못 배운 사람들도 그를 좋아했다. 물(C. G. Moule)은 그의 책 *Charles Simeon*(찰스 시므온)에서 존 먼이라는 한 노인에 대한 이야기를 들려준다. 먼은 시므온이 "펜 컨트리에 설교하러 갔을 때 그의 설교를 한 번 들은 적이 있는데, 나중에도 종종 그의 설교를 다시 듣기를 갈망했다. 그 노인은 언제나 '그는 내 마음을 감동시키는 사람이다! 그가 설교하면 안 되는가!'라고 말하곤 했다. 그러고는" 그가 살았던 노스햄턴(Northampton)에서 "케임브리지까지 50마일을 걸어가곤 했다."

시므온은 성경을 강해하기를 좋아했는데 그의 성경에 대한 접근은 경건하면서도 빈틈없이 정직했다. 그는 말하기를 "내가 하려고 하는 것은 성경에 있는 것을 거기서 끄집어 내는 것이지 거기에 있을 것이라고 내가 생각하는 것을 밀어넣는 것이 아니다. 내가 강해하는 구절에서 성령의 생각이라고 믿는 것보다 절대로 더 많이 말하거나 더 적게 말하지 않는 것, 이 부분에 있어 내 입장은 확고하다." 그는 전염병 같은 감정주의를 피했다. 하지만 여전히 그의 설교는 자주 감정을 깊이 자극했다.

횟필드와 웨슬리 사이를 갈라놓았던 주제인 하나님의 선택과 인간의 자유의지에 대한 논쟁의 한가운데서 살았지만 그는 둘 사이의 균형을 탁월하게 유지했다. 그는 성경이 두 가지 모두를 가르친다는 것을 보여 주었으며 진리는 어느 한쪽 극단에 있거나 그 중간에 있지 않고 둘을 동시에 확고하게 붙드는 데 있다고 주장했다. 하나님의 선택은 실재다. 하지만 하나님의 은혜로 말미암은 주도권에 대한 인간의 반응 역시 실재다. 이와 같은 균형과 열정, 명쾌함은 시므온 당대에 케임브리지에서는 드문 일이었고 지금도 그렇다. 그의 교회가 그의 설교를 들으러 온 사람들로 가득 차고 해가 가면서 그가 자주 초청을 받아 설교했던 성메리교회(Great St. Mary Church) 역시 사람들로 가득 찬 것은 놀랄 일이 아니다. 한 친구는 이렇게 적었다. "운집한 사람들로 북새통을 이루는 교회의 모습은 그야말로 전율이 느껴질 정도였다." 그리고 다른 곳에서는 또 이렇게 말했다. "움직일 공간도 없었다."

그러나 시므온이 복음전도를 위해 설교만 한 것은 아니었다. 그는 킹스칼리지에 있는 자신의 방에서 매주 금요일마다 다과 파티를 열고는 사람들이 와서 원하는 뭐든지 질문을 할 수 있도록 했다. 그는 성직자 후보생들이 위대한 신앙 진리들을 이해하고 어떻게 그 진리들을 효과적으로 선포할지를 배우는 것을 돕기 위해 많은 애를 썼다. 그의 유명한 설교 강의는 다음 세대의 최고의 설교자들 대부분을 양성했다. 이 모든 것이 50여 년 동안이나 지속되었다! 그가 영국 사회에 미친 영향은 어떻게 말해도 과장으로 보기는 어려울 것이다.

그는 이교도들에게 복음을 전파하는 일에 큰 열정을 가졌다. 복음을 인도에 전하는 것에 대한 그의 관심은 성삼위교회에 부임한 첫 4년으로 거슬러 올라갈 수 있다. 그가 모은 젊은 성직자들로 이루어진 절충주의자협회(Eclectic Society)는 몇 년 동안 어떻게 아프리카와 동인도 지역에 복음을 전할 것인지를 궁리하고 있었다. 그런 다음 프랑스 혁명이 한창이던 1799년 초에 시므온은 이 절충주의자들에게 세 가지 중요한 질문을 제시했다. "우리가 무엇을 할 수 있는가? 언제 그것을 할 것인가? 어떻게 그것을 할 것인가?" 그들은 '아프리카 선교와 동인도 선교'를 위해 단체를 설립하기로 결정했다. 그리고 그 즉시 존 벤을 회장으로 하고 헨리 손톤을 회계로 하여 겨우 25명으로 기독교선교사협회(Church Missionary Society)를 설립했다. 동인도회사에 배치받은 젊은 복음주의 목사들은 이 회사의 직원들과 원주민들을 위한 목회 사역에 힘썼다. 시므온의 설교에 깊이 감명을 받은 이 채플린들 중 한 사람이 똑똑한 수학자이자 케임브리지칼리지의 펠로우였던 헨리 마르틴(Henry Martyn)이었다. 그는 재능 있는 언어학자였는데 곧 산스크리트어와 페르시아어, 아랍어에 능숙해졌다. 그는 신약성경을 우르두어와 페르시아어, 힌두스타니어로 번역했다. 하지만 그는 1812년에 열병에 걸려 31세의 젊은 나이에 생을 마감했다. 그의 인생 좌우명은 "하나님을 위해 불타오르자"

였는데 그는 정말로 그렇게 생을 불태웠다.

시므온과 클래펌 종파의 친구들은 전세계에 대한 관심을 가졌는데 그들의 후원 아래 선교사들도 캐나다와 희망봉(the Cape)과 호주의 보타니 베이(Botany Bay)와 시에라리온으로 파송되었다. 성공회(Anglican Communion) 곧 영국 국교회와 연대한 전세계 교회들의 네트워크는 기독교선교사협회와 1799년에 절충주의자들(Eclectics)에게 한 그의 질문들이 이 네트워크를 시작하도록 이끈 시므온 덕에 생겨났다고 말해도 과언이 아닐 것이다.

시므온의 사역의 또 한 가지 측면 역시 언급할 필요가 있다. 그는 윌리엄 로메인과 존 뉴턴 같은 좋은 사람들은 거의 생을 마감하기까지 혜택을 누리지 못했던 반면, 게으르고 무능한 수많은 성직자들은 부유한 삶을 누리는 것에 대해 매우 괴로워했다. 그는 이 문제를 해결하기 위해 뭔가를 해야겠다고 결심했다. 그래서 형이 죽으면서 남긴 돈의 일부를 사용하여 성직자를 교구 목사로 임명할 권리를 샀다. 그는 이렇게 말했다. "다른 이들은 … 수입을 구매한다. 하지만 나는〔영향력을 미칠〕영역들을 산다." 친구들과 후원자들이 추가로 자금을 댔는데 시므온 재단은 200년이 지난 지금 100개 이상의 교구를 돌보고 그 교구를 위한 성직자 임명을 주관한다. 이 교구들 중 다수가 아주 중요한 곳들에 있다. 나는 그 교구들 중 하나인 옥스포드 도심에 있는 세인트알데이트교회에서 일하는 특권을 누렸었다. 이것은 이 교구들에서

의 복음전도 사역과 목양 사역이 지속될 수 있게 한 시므온의 명
석한 한 수였다.

기독교 자선가 새프츠베리

진정한 복음전도의 평가 기준은 교인 수가 늘어나게 하느
냐, 혹은 한 개인을 더욱 도덕적으로 만드느냐가 아니라 사회에
선한 영향을 미치느냐 하는 것이다. 영국의 영적 부흥이 전개된
방식을 추적하는 것은 흥미롭다. 웨슬리와 횟필드와 그들의 동
료들을 통한 복음주의 대부흥의 첫 단계는 수많은 사람들을 하
나님 앞으로 데려왔다. 클래펌 종파를 통한 두 번째 단계는 사회
안에서 일어나는 학대들을 고치고 외국 선교를 개척하기 시작한
것이다. 세 번째 단계는 빅토리아 시대의 저명한 개혁가 새프츠
베리(Shaftesbury)가 이끌었다. 그 기간 동안 최고의 기독교 자선
사역은 거의 모두 "가난한 자들의 백작"으로 알려진 이 주목할
만한 사람 덕분이다. 비록 클래펌 종파보다 약간 후대에 살았지
만(1801-1885) 그는 그들과 상당 부분 비전을 함께했다. 수십 년
도 전에 시작되었던 부흥의 진정한 성과를 보려면 그가 긴 생애
를 통해 이룬 몇 가지 업적을 살펴보는 것이 유익할 것이다.
아버지를 계승하여 새프츠베리의 일곱 번째 백작이 된

1851년까지 애쉴리 경(Lord Ashley)으로 알려졌던 안토니 애쉴리 쿠퍼(Anthony Ashley Cooper)는 부유했지만 불행한 어린 시기를 보냈다. 그의 귀족 부모는 냉담했고 그에게 별로 사랑을 주지 않았다. 어린 시절에 그를 실제로 돌봐 준 사람은 마리아 밀리스 (Maria Millis)라는 하녀였다. 그녀는 분명 대각성 때 전도를 받았고 이 아이를 사랑하여 그에게 성경 이야기들과 기도하는 방법을 가르쳤으며, 그 어린 영혼을 그리스도께로 이끌었다. 그는 해로우(Harrow)에 있는 학교로 보내졌는데 16세가 되었을 때 그의 인생을 바꿔 놓은 한 가지 일을 겪게 되었다. 그는 해로우 힐 (Harrow Hill)을 내려가다가 네 명의 술취한 남자들이 어떤 가난한 사람의 관을 가지고 거리를 비틀거리며 걷는 것을 보았다. 그들은 교회 마당에 도착하기 전에 뭔가에 걸려 넘어져 관을 떨어뜨리고는 갖은 욕설을 그 죽은 사람에게 쏟아 부었다. 애쉴리는 같은 인간인데 애도해 주는 사람 하나 없이 무덤으로 옮겨지고 또 무신경한 술 취한 사람들이 그 사람의 시신을 조롱하며 다루는 그 광경을 보고 역겨움을 느꼈다.

그때의 일을 회상하면서 그는 그 일을 자신에게 공직에 대한 동기 부여를 해준 사건으로 간주했다. "그 일은 가난하고 무력한 사람들을 향해 나타나는 조롱과 무시를 내게 강하게 각인시켜 주었다. 나는 하나님이 내게 주신 모든 특권들을 사람이든 짐승이든 간에 약하고 무력한 존재들과 도울 사람이 아무도 없는 존재들을 위해 바치도록 부르심을 받았다는 확신이 들었다."
이 결심으로 그는 의회로 진출하게 되었다. 그가 순탄한 길을 걸었던 것은 아니다. 그의 친구인 토리스(Tories)는 가난한 자들을 위한 그의 관심을 공유하지는 못했다. 그리고 그는 자기보다 앞서 있었던 윌버포스처럼 그들의 생활 여건을 개선하기 위해 끊임없는 싸움을 싸워야 했다.

먼저, 그는 정신 질환을 앓는 사람들에게 관심을 가졌다. 아무도 이 질병을 이해하지 못했고 치료약을 주려고 시도하지 않았다. 그들은 사회의 골칫거리로 간주되었고 범죄자 취급을 받았다. 그들은 시설에 수용된 채 짚 위에서 잠을 잤으며 주말에는 자기 돗짚자리에 사슬로 묶여 자신들의 배설물 가운데서 뒹굴어야 했다. 월요일에는 날씨가 어떻든지 간에 차가운 물이 담긴 커다란 욕조에 그들을 던져 넣고는 마치 동물에게 하듯 대충 물기를 훔쳐냈다. 백 명이 넘는 사람들도 수건 한 장이면 족했다. 애쉴리는 그들의 여건을 직접 보려고 이 정신병원들을 정기적으로 방문하기 시작했다. 이와 같은 경험 때문에 그는 의회에서 강력하게 발언하여 개혁을 이루어 낼 수 있었다. 그는 이 불행한 사람들에게 진심으로 마음을 쏟았으며 의회가 임명하는 정신질환 위원회(Lunacy Commissioners)의 의장이 되어 57년간 그 자리를 지켰다.

다음으로 그는 산업혁명이 가져온 최악의 학대를 바로잡기 위한 노력을 시작했다. 다섯 살밖에 안 된 어린 아이들이 런던의 구빈원(workhouses)에서 끌려와서 하루 14시간씩 공장의 숨막히는 환경에서 일해야 했다. 탄광 밑으로 내려가면 환경은 훨씬더 열악했다. 애쉴리는 이 문제를 용납할 수 없다 여겼다. 하지만 그는 엄청난 반대에 부딪혔다. 공장주들과 광산주들은 의회에 엄청난 영향력을 가졌는데, 그들은 만일 의회가 개입을 하면국가의 부가 손실을 입게 될 것이라고 주장했다. 그는 계속 법안을 냈다. 하지만 17년간의 끈질긴 노력 끝에 이 모든 악들 가운데 최고의 악을 쓸어내 버리는 공장에 관한 법안(Factories Acts)의 통과를 이끌어 내기까지 번번이 그 법안들은 기각되었다.

오랫동안 의정 활동을 하는 내내 그는 학대가 자행되는 일들에 주목하고 그런 다음 그 개선책들을 마련하고 실제로 그 개선책들이 실행에 옮겨질 수 있도록 하기 위해 빠르게 움직였다. 그는 한 작은 소년이 벌거벗은 채 막대기와 빗자루를 등에 지고서 굴뚝 청소를 하려고 굴뚝 속으로 올라가는 것을 보았다. 작은 어린이들이 들에서 노동을 강요당하는 것을 보았고 어린이들이 젖은 점토를 뒤집어쓴 채 벽돌 공장의 가마 쪽으로 몰려가는 것도 보았다. 결국 그는 이 모든 상황들을 바꿀 수 있었다. 그는 어린이들을 사랑했으며 극빈층 아이들을 위해 무상 교육을 제공하고 자원 봉사자들을 통해 운영되는, '누더기 학교'(ragged schools)를 시작할 수 있었다. 어려움에 처한 사람들의 구제를 위해 그가 세웠거나 이사장으로 섬겼던 기관들은 수도 없이 많다. 여기에는 왕립 동물 학대 방지 협회와 북런던 시각장애인들을 위한 주택인 Barnardo's (취약층 어린이들과 청소년들을 지원하고 돌보기 위해 설립된 자선기관 - 역주), 장애인협회, YMCA, YWCA, 국립 어린이 학대 방지 협회 및 그 외 많은 단체들이 포함된다.

이 모든 것은 그의 강력한 복음주의적 신앙의 결과였다. 그리고 그가 예수님의 복음을 전파하고 예수님이 가난하고 필요에 처한 사람들에 대해 가지셨던 긍휼히 여기는 마음을 강조해 보여 주는 아주 실제적인 방법이었다. 그는 스스로 "복음주의자들 중 복음주의자"라고 천명할 때 그 말에 대한 한 치의 부끄러움도 없었다. 복음전도에 대한 열심 때문에 그는 유대인을 위한 기독교 사역과 런던 도시 선교, 항해사 선교, 딘클로즈스쿨(Dean Close School), 기독교목회지원협회를 시작하게 되었다.

1836년에 설립된 마지막에 언급한 이 기독교목회지원협회는 특별히 중요했다. 정부 통계에 의하면, 매년 10만 명이 넘는 사람들이 농촌에서 공장이 있는 도시들로 이주했다. 이러한 이주는 당연히 그들을 자신들이 기억할 수도 없던 때부터 영국에 있어 왔던 교구 제도 바깥에 있게 했다. 이들 중 상당수는 비참한 환경 가운데 살았으며 종교적 지원을 전혀 받지 못했다. 그는 "영국 국교회가 … 인간의 불행의 구렁텅이로 뛰어들어 비참하고 무지하고 고통 당하는 사람들을 거기서 데리고 나와서 복음의 빛과 생명과 자유를 누리게 하기"를 갈망했다. 그래서 그와 친구들은 사역하는 성직자 수를 늘리고 경건한 평신도들을 임명하여 그들과 함께 일하도록 하기 위해 기독교목회지원협회를 세운 것이다. 그리하여 그가 소중하게 여겼던 기독교선교사협회를 통해 해외에 복음을 전파하려 했던 그의 관심은 자신의 삶을 변화시킨 복음을 이 땅의 가난한 이들에게 전해야 한다는 그의 의지와 조화를 이루었다.

웨스트민스터사원에서 열린 그의 장례식에 참여한 조문객들이 런던에서 모였던 가장 큰 군중 중 하나였다는 것은 놀라운 일이 아니다. 그의 아들은 이렇게 기록한다. "거리에 줄지어 서 있는 사람들과 … 다리 저는 사람들, 시각 장애인들, 청각 장애인들, 신체 장애자들, 가난하고 헐벗은 사람들이 누더기를 입고서 자신들을 떠나간 친구에게 사랑과 존경을 보여 주기 위해 쏟아지는 비를 인내하면서 모자도 쓰지 않은 채로 서 있던 그 모습을 보았을 때, 나는 내 눈이 지금껏 목격한 일들 가운데 가장 가슴 뭉클한 장면이라고 생각했다."

10

20세기
웨일스 대부흥
_ 에반 로버츠

기도 없이는 부흥은 물론이고 효과적인 전도도 일어날 수 없다

1904년과 1905년에 일어났던 웨일스 대부흥은 웨일스라는 작은 지방이 경험했던 가장 위대한 운동이었다. 지금도 웨일스 사람들은 이 대부흥에 대해 아주 잘 알고 있는데 더러는 감사한 마음으로 또 더러는 조롱 섞인 반감을 가지고 그때의 일을 회상한다. 이 대부흥에 대한 평가가 극과 극으로 나뉘었다는 것은 분명하다. 이 대부흥이 그 이전에는 종교와 무관했던 수많은 사람들에게 영향을 주었다는 점 역시 의심의 여지가 없다. 웨일스 대부흥은 연구해 볼 가치가 충분한데 복음전도에 있어 몇 가지 특별한 요인들을 구체적으로 보여 주기 때문이다.

웨일스의 상황

샤프츠베리에 의해 시작된 개혁은 대부분 웨일스를 비켜 갔다. 대다수의 주민들이 찢어지게 가난했지만 웨일스는 오랫동안 노래와 시, 럭비, 짧은 신앙 부흥 운동들이 있었던 곳이다. 하지만 웨일스의 부흥 이야기는 그보다 앞서 다른 곳에서 시작된다. 1858년에 미국에서 연쇄적으로 일어났던 합심 기도를 주목할 필요가 있다. 이 운동은 제러마이아 랜피어(Jeremiah Lanphier)라는 한 사업가가 당시의 경제 대공황을 직감하고는 어느 수요일에 주중 기도 모임을 한다는 광고 전단을 나눠 주면서 시작되었다. 그는 첫 기도 모임에서 대부분의 시간을 홀로 기도해야 했다. 하지만 마침내 다섯 명의 사업가가 그 모임에 참여했다. 그리고 그 다음 주에는 20명이 모였고 그 다음 주에는 40명이 모였다. 그들은 매주 모이는 대신 매일 모이기로 했고 곧 기도 모임들이 도시 전역에 생겨나게 되었다. 오래지 않아 이 모임에 참여한 사람들의 수는 5만여 명으로 늘어났다.

이 기도 운동은 미국과 캐나다에서 백만 명에게 복음을 전했고 웨일스를 비롯한 세계 대부분의 나라로 퍼져 나간 1859년 부흥 운동의 전조가 되었다. 특히 웨일스에서는 칼뱅주의를 따르는 감리교 설교자 다피드 모르간(Dafydd Morgan)은 '순한 양' 같았던 사람이 '사자'같이 바뀌었다. 그는 짧은 기간 동안 웨일스를 오르내리며 놀라운 전도 사역을 펼쳤다. 그때까지 웨일스에서 주기적으로 일어난 영적인 운동들이 전혀 없었던 것은 아니다. 하지만 이 운동들은 빨리 사그라들었고 그 어느 것도 1904년에 일어난 부흥 운동에 감히 필적할 수 있지 않았다.

웨일스에서 일어난 이 영적 운동은 언론의 주목을 많이 받았기에 기록으로 아주 잘 보존되어 있다. 이 운동이 주목을 받은 것은 다음과 같은 이유에서다. 첫째로, 이 운동은 성령의 즉흥적인 역사였다. 조직도, 중심적인 지도자도, 어떤 계획된 방향도 없었다. 둘째로, 이 운동은 주로 회중교회와 칼뱅주의를 따르는 감리교 두 교단에 영향을 미쳤다. 이 부흥은 사우스 웨일스의 탄광촌에서 시작했지만 곧 웨일스 전체를 집어 삼켰다. 부흥의 언어는 웨일스 말이었다.

웨일스의 영적인 상황은 끔찍했다. 많은 사람들은 기독교의 영향을 전혀 받지 않았다. 특히 다윈의 《종의 기원》(*Origin of Species*)과 회심을 일시적인 심리적 현상으로 보는 윌리엄 제임스(William James)의 《종교적 경험의 다양성》(*The Varieties of Religious Experience*)이 출판된 후로는 목회자들은 점점 더 정통 교리를 무시하게 되었다. 독일의 고등 비평은 그 정점에 달했는데 이 모든 것들이 성경을 하나님의 계시로 믿는 믿음을 약화시켰다. 따라서 확신 없는 신앙이 목회자들 사이에 널리 확산되었고 심지어 주일학교에까지 들어갔다. 한마디로 당시의 종교적 분위기는 기후로 따지면 한파가 몰아치고 있는 그런 상황이었다. 아무도 영적 부흥이 곧 온 나라를 휩쓸 것이라고는 상상조차 할 수 없었다.

물론 신실한 목회자들과 기도의 사람들도 있었다. 성경적인 성화의 삶을 고취하기 위해 기획된 케직 사경회(Keswick Convention)의 웨일스 순모임이 센트럴 웨일스의 랜드린도드 웰스에서 열렸다. 이 모임은 뉴 키이라는 마을의 목회자인 조셉 젠킨스(Joseph Jenkins)와 애버레론의 목회자인 그의 조카 존 디켄스

(John Thickens)에게 엄청난 영향을 주었다. 그들의 사역은 특별히 젊은이들 사이에서 상당한 결실을 맺기 시작했다. 젊은이들 중 일부는 다른 교회들로 '선교 여행'을 가기도 했다. 1904년 9월에 셋 조슈아(Seth Joshua) 목사는 선교를 위해 뉴 키이로 갔는데 그는 거기서 하나님이 이미 일하고 계신다는 징후를 느끼고 기뻐했다. 이러한 징후는 그에게 특별하면서도 매우 성공적인 선교를 할 플랫폼을 제공해 주었다. 하나님의 성령의 임재를 느낄 수 있었고 간증들은 힘이 있었으며 예배는 전율이 느껴질 정도로 은혜로웠다. 많은 사람들이 믿음을 갖게 되었으며 그들 중 어떤 이들은 큰 소리를 내며 울었다. 조슈아는 부흥의 기운이 감도는 것을 느끼고는 열정적인 젊은이들과 한 팀을 이루어 뉴 키이에서 뉴캐슬 엠린(Newcastle Emlyn)이라는 또 다른 마을로 옮겨 갔다. 26세의 청년인 에반 로버츠(Evan Roberts)가 조슈아의 메시지를 처음 듣고 깊이 감명을 받은 것은 바로 여기서였다. 로버츠는 곧 부흥의 중심이 될 사람이었다.

웨일스 부흥의 중심, 에반 로버츠

에반 로버츠는 성경 공부와 기도에 매일 서너 시간을 사용하는 아주 진지한 그리스도인 청년이었다. 그는 그의 아버지와 같이 광부였다. 11세 때부터 탄광에 내려가기 시작했고 23세가 되어 대장장이였던 삼촌의 일을 돕게 되기 전까지 거기서 일했다. 그리고 삼촌과 함께 지낸 지 15개월 만에 복음전도자가 되라는 삼촌의 계속된 권유를 마침내 받아들이게 되었다.

뉴캐슬 엠런(Newcastle Emlyn)은 칼뱅주의를 따르는 감리 교회들이 성직자들을 훈련하는 곳이었는데 그는 1904년에 학생으로 입학했다. 조슈아는 대학이 학문적 연구를 지나치게 강조하는 것과 대학이 영적 형성과 실천적 경험의 영역에서 약한 것에 대해 비판적이었다. 따라서 로버츠는 강사의 허락을 받고 조슈아와 그의 팀이 추가로 모이기로 계획되어 있던 브래난널치(Blaenannerch)로 갈 때 그들 무리에 합류했다. 한 기도 모임에서 로버츠는 하나님의 크신 사랑에 대해 묵상하는 가운데 진심 어린 기도를 쏟아냈다. 그는 "나를 쳐 복종케 하소서. 나를 쳐 복종케 하소서. 우리를 쳐 복종케 하소서" 하고 큰소리로 말하면서 바닥에 납작 엎드렸다. 이것은 적잖은 파장을 일으켰다.

이 말들은 거의 부흥 운동의 신조가 되었다. "교회를 쳐 복종케 하시고 세상을 구원하소서." 이 쏟아내는 기도를 한 후에 로버츠는 평안으로 충만하게 되었는데 그는 이것을 자기 인생의 전환점으로 여겼다. 그는 이것을 자신의 '성령 세례'로 간주했다. 그는 웨일스 전역에서 복음을 전해야 한다는 것을 확신하게 되었다. 그의 경건 생활은 놀라웠다. 그는 어떻게 자신이 1904년 어느 날 밤 새벽 1시에 일어나 4시간 동안 하나님과 강렬한 만남을 가졌는지에 대해 이야기한다. 이것은 그가 신학교에 들어가기까지 하나의 정기적인 패턴이 되었다. 그리고 그는 환상 중에 10만 명 이상의 사람들이 그리스도를 믿게 될 것이라는 확신을 받았다. 이 일은 실제로 1904년의 가을 놀라운 부흥 운동 동안에 일어나서 1905년의 봄까지 계속되었다. 비록 그들 중 많은 사람이 10년 뒤에 일어난 1차 세계대전에서 죽었음에도 불구하고 그와 같은 엄청난 수의 사람들이 역동적인 믿음을 갖게 되었다.

이 부흥 운동은 중앙 조직이 없었고 웨일스 전역에서 즉흥적인 방식으로 일어났다. 로버츠는 곧 부흥 운동에서 핵심적인 역할을 하기 시작했다. 그 누구에게도 계획이 없었고 이 운동의 리더라고 불릴 수 있는 사람도 없었다. 웨일스 부흥 운동은 분명 하나님의 능력으로 새롭게 만져 주시기를 기도하고 갈망하는 사람들이 모인 곳에서 무작위로 나타나는 성령의 주권적 일하심이었다. 하지만 로버츠는 그 부흥 운동의 한 중요한 부분이었다. 그처럼 책을 좋아하는 사람이 12년 동안 광부로 살았다는 사실을 생각하면 놀라운 일이다. 에반 로버츠는 겸손하고, 자비심이 많고, 따뜻하고, 지성적이면서도 강단이 있고, 다소 신비스러운 면도 있어 보통의 목회 패턴에는 맞지 않았다. 그는 특별한 사람이었다. 그는 성령의 인도하심을 강하게 느꼈고 종종 그가 취해야 할 행동들을 보여 주는 놀라운 환상들을 받기도 했다. 그는 자주 그 환상들에 대해 이야기했다. 한번은 수많은 사람들이 언덕을 내려가서 밑도 없는 구덩이 속으로 들어가는 것을 보았다. 그는 하나님께 지옥문을 1년만 닫아 달라고, 그들에게 1년만 복음을 듣고 반응할 기회를 달라고 괴로워하며 소리를 질렀다. 또 다른 환상에서는 하나님의 손이라 여겨지는 한 손을 보게 되었는데, 그 손에는 10,000이라는 숫자가 적힌 종이가 들려 있었다.

그가 루고(Loughor)로 돌아가게 된 것은 그가 학창 시절 친구들 앞에서 "가서 이 사람들에게 말씀을 전해라"라는 소리가 들리는 환상을 반복해서 보았기 때문이었다. 이것이 그가 내키지 않았지만 자기 고향으로 돌아가 친구들을 모으고 말씀을 전하기 시작하게 된 이유였다. 하지만 일이 쉽게 풀리지는 않았다. 결국 여섯 명이 결신하고 앞으로 나와 그리스도를 믿는다고 고백했다. 그는 다른 친구들을 위해서도 고뇌했고 차츰 여섯 명의 친구들도 같은 길을 가게 되었다. 하지만 더 이상의 결신자는 나오지 않았다. 오래지 않아 그의 가족이 하나님의 임재에 대한 이 중요한 각성에 참여하게 되었고, 이웃의 몇몇 젊은이들도 그렇게 했다. 그러면서 결신자들의 수가 치솟았고 곧 언론의 관심도 받게 되었다. 웨일스의 주요 신문인 〈웨스턴 메일〉(*Western Mail*)은 기자를 보내 이 모임에 대해 보도하게 했다. 그 기자는 이 부흥 운동에 큰 감명을 받고 이렇게 썼다.

설교자는 자기 자리에 가만히 앉아 있지 않았다. 많은 경우 그는 성경을 펴서 손에 들고는 복도를 왔다갔다 하면서 이 사람에게는 권면하고 저 사람은 격려하며 또 다른 사람과는 함께 무릎을 꿇고 은혜의 보좌에서 오는 축복을 간구했다. 한 젊은 여성이 일어나서 찬송을 불렀는데 그 찬송 소리에는 간절함이 진하게 묻어났다. 찬송이 계속되는 동안 몇몇 사람들은 번개를 맞은 것처럼 앉은 자리에서 바닥에 엎드려져 죄를 용서해 주시기를 부르짖기 시작했다. 그때 채플의 다른 곳에서 한 청년이 성경의 본문 한 소절을 읽는 소리도 들려왔다. 마침내 로버츠는 다음 모임에 대해 광고를 하고 새벽 4시 25분에 이 모임을 마쳤다.

성령의 인도하심으로 이루어진 모임들

모임들은 원래 밤 12시에 끝나는 것으로 계획했지만 새벽 시간을 훌쩍 넘겨 끝나곤 했다. 로버츠는 연장된 심야 기도를 끝내고 나면 휴식도 없이 곧바로 탄광 입구로 갔다. 시간은 새벽 5시였고 그는 그곳에 모인 광부들을 저녁 예배로 초청하곤 했다. 그런 다음 세 번의 낮 예배 가운데 첫 번째 예배 모임을 가졌다. 그가 어떻게 이렇게 벅찬 일정으로 녹초가 된 때에도 설교를 할 수 있었는지 믿어지지 않는다. 그의 설교는 특별히 대단하지는 않았지만, 그의 말은 심지어 론다(Rhondda)의 가장 거친 광부들의 마음까지도 꿰뚫고 들어갔다. 많은 부흥사들이 감정에 호소하는 것과 달리 그는 조용하지만 힘 있는 목소리로 이야기했다.

하지만 전체적으로 볼 때 그의 설교가 부흥에서 주된 역할을 한 것은 아니었다. 로버츠는 모든 모임을 성령의 손에 전적으로 맡겼다. 그는 끊임없이 성령의 인도하심을 구했다. 노래와 간증, 성경을 읽는 소리, 땅에 엎드러진 사람들의 부르짖음, 죄 용서를 확신하는 사람들의 환희와 탄성이 채플 곳곳에서 들려왔다. 모임들은 그를 따라 뉴 키이에서 온 다섯 명의 '찬양하는 자매들'의 순서로 시작되었다. 그는 이 자매들 없이 전도 여행하는 일이 거의 드물 정도로 이들의 역할이 중요했다. 로버츠는 하나님이 특별히 만져 주기를 원하시는 사람이 누구일까 분별하기를 애쓰면서, 그리고 사람들에게 회개를 촉구하면서 집회장 안을 돌아다니곤 했다. 모임은 정말 놀라울 정도로 혼잡스러웠다.

내가 전에 알던 한 노년의 웨일스 사람은 도대체 무슨 일이 일어나는지 너무 알고 싶어서 어린 시절 이 모임들 중 하나에 몰래 들어간 적이 있었다고 한다. 그는 이렇게 말했다. "미친 일이에요. 정말 미친 일이에요." 그 모임에서 벌어지는 일들은 많은 사람들 눈에 그렇게 보였을 것이다. 하지만 그 모임에 참석한 대다수 사람들에게 그 일들은 자신들이 이제껏 가져본 하나님에 대한 경험 중 최고의 경험이었다. 매일의 모임들은 〈웨스턴 메일〉(Western Mail)이라는 신문뿐 아니라 영국 일간지들에도 기록되었고 세계 곳곳에서 이 놀라운 현상을 직접 보기 위해 사람들이 찾아들었다.

성령 세례

로버츠의 메시지에 무언가 특별한 것이 있었는가? 어떤 의미에서는 없었다. 그는 성경을 깊이 알고 있었으며 그 교리를 전심으로 믿었다. 하지만 다른 한편으로 특별한 무언가가 있었다고 말할 수 있다. 왜냐하면 그는 성령 세례의 필요성에 대해 매우 강조했고, 이와 같은 강조는 막 부상하고 있던 오순절 교회들에 엄청난 영향을 주었기 때문이다. 그는 이 성령 세례를 회심 이후의 영적인 삶에서 아주 중요한 두 번째 단계로 보았다.

성령 세례를 받는 데는 네 가지 필수적인 단계들을 거친다. 첫째는 깨달은 모든 죄를 하나님께 고백하고 다른 사람들에게 배상하는 것이다. 둘째는 콕 집어서 죄라고 말할 수는 없어도 의심의 여지가 있는 행동들을 부단히 버리는 것이다. 셋째는 성령께 대한 즉각적이고 전심을 다하는 순종이다. 그리고 넷째는 그리스도께서 구주이심을 사람들 앞에서 두려움 없이 고백하는 것이다. 이것은 부흥 운동에서 로버츠와 그의 동료들이 지속적이고도 고집스럽게 전했던 메시지였다. 그들은 이 메시지를 성령 세례의 관문으로 보았다. 그들은 이러한 메시지가 전혀 새롭게 만들어 낸 것이 아니라 기독교 초기의 오순절 설교로 돌아가는 것이라고 주장했다.

에반 로버츠는 유명 인사로 대접받기를 거절했고 해외에서 온 강사 초청도 거절했다. 또한 이 부흥이 자신에게서 온 것이 아니라 하나님의 성령의 주권적인 역사라고 주장했다. 그가 가지 않았던 웨일스의 여러 곳들에서도 영적 부흥이 일어났다는 사실은 이 점을 확증해 준다. 그럼에도 그의 겸손은 특별한 것이었다. 복음 운동의 지도자가 하나님이 하시는 놀라운 일에서 자기 공을 주장하기가 얼마나 쉬운가? 그는 그렇게 하기를 단호히 거절했다. 많은 복음전도자들이 큰 돈을 얻기도 했지만 에반 로버츠는 자신의 돈을 대부분 나누어 주었다. 그럼에도 1904년 11월부터 1905년 봄까지 그는 세상에서 가장 유명한 사람들 중 한 사람이었다.

반대와 물러남

에반 로버츠의 사역에 대한 반대가 있었음은 두 말 할 나위도 없다. 1905년 1월에 회중 교회 목사인 피터 프라이스(Peter

Price)가 〈웨스트 메일〉이라는 신문에 공개적으로 로버츠를 공격하기 시작했다. 프라이스는 에반 로버츠가 관여한 일들은 하나님의 이름을 욕되게 하는 가짜 부흥이고 자신의 교회의 열매가 진짜 부흥이라고 주장했다. 프라이스는 케임브리지 졸업생으로 로버츠보다 훨씬 뛰어난 학문적 역량을 갖춘 사람이었다. 그리고 그의 공격은 광범위하고도 꽤 오랜 시간 동안 논쟁을 불러일으켰다. 그는 특히 로버츠가 계속하여 성령의 직접적인 영감과 인도하심을 받아 일한다고 주장하는 것에 대해 이의를 제기했으며 부흥회 모임의 무질서와 소음, 감정주의와 신체적 현상들도 매도했다.

로버츠는 이러한 반대에 일절 대응하지 않았지만 깊은 상처를 받았다. 하지만 성령께 직접적으로 순종한다는 그의 주장은 더욱 강력해졌다. 그는 한번은 저주받은 영혼이 부흥회 모임에 있다고 소리 치기까지 했다. 그가 저주받기로 확정된 사람이기에 그를 위해 기도하는 것은 아무 소용이 없다는 것이었다. 이 사건으로 인해 많은 사람들의 눈에도 로버츠가 정도에서 이탈해 가고 있음이 명백해졌다. 실제로 그는 1905년 2월 즈음에 신경쇠약에 시달렸다. 그가 사역하면서 받았던 극심한 압박은 그 누구도 오래 감당할 수 있는 것이 아니었으며 쓰라린 공격은 인내의 한계치를 넘어선 것이었다.

그는 정신적으로나 육체적으로 완전히 무너져 버렸다. 그는 1905년 이후부터 1951년에 생을 마감할 때까지 어떤 공개적 사역에도 가담하지 않았다. 그러나 부흥 운동의 동료인 제시 펜-루이스(Jessie Penn-Lewis)의 집에서 수 개월 동안 지내며 회복한 뒤에는 웨일스를 떠나 잉글랜드로 갔고 세계의 부흥을 위해 기도하는 일에 전적으로 헌신했다. 어떤 때는 하루에 18시간을 기도하기도 했다. 그는 다른 어떤 것보다 기도로 훨씬 더 많은 일들을 할 수 있다고 확신했다. 하지만 로버츠가 사라지자 웨일스 부흥은 곧 끝이 났다. 그가 이끈 부흥은 일 년도 채 지속되지 못했지만 온 나라를 뒤흔들었다.

부흥 운동의 실패와 강점들

이 놀라운 부흥 운동을 우리는 어떻게 평가해야 할까? 웨일스 부흥에는 많은 약점들이 존재했다. 하나는 로버츠가 마귀에 대해 점점 더 집착하게 된 점이다. 그는 마귀들이 부흥회 모임에서 활동하고 있다고 인정했다. 나중에 이 주장을 철회했지만 말이다. 그는 1905년 이후 얼마간 같이 지냈던 제시 펜-루이스와 함께 *War on the Saints*(성도들에 대한 전쟁)이라는 책을 썼는데, 그는 부흥 운동 기간 동안 전례 없는 마귀의 활동이 있었다고 주장했다. 정말 그런 일이 있었는가? 아니면 그가 정신적으로나 육체적으로 소진된 나머지 이와 같은 집착을 가지게 된 것인가?

시간이 흐를수록 점점 더 이상해지는 그의 행동은 이 주장을 믿기 어렵게 만들었다. 그의 부흥회 모임에는 감정주의와 무질서가 있었으며 몇 가지 교리적인 약점들도 있었다. 회심 이후 두 번째 강력한 성령 체험이 필요하다는 그의 주장은 얼마나 성경적이었는가? 뒤따르는 영적 삶의 새로운 차원이 "완전한 성화"(entire sanctification)에 이르게 했다는 그의 견해는 얼마나 성경적이었는가? 성령의 영향 아래서 계속하여 사역하고 있다는 그의 주장은 얼마나 성경적이었는가? 로버츠의 주장들은 한 사람이 다른 사람의 충고에 귀를 기울이지 않고 고집스럽게 행동하게 만들 수 있었다. 이러한 면들이 실패였음을 부인할 수 없다.

다른 한편으로 웨일스 부흥 운동은 대단한 강점들을 가지고 있었다. 이 부흥 운동은 웨일스가 경험한 가장 위대한 영적 대각성이었을 뿐 아니라 프랑스와 노르웨이, 스웨덴, 호주, 파타고니아를 포함하여 해외 여러 곳들에서의 부흥 운동을 촉발했다. 1905년에 인도로 간 웨일스 선교사들은 감정을 잘 드러내지 않는 타밀 사람들 가운데서 웨일스에서 일어났던 것과 유사한 하나님의 임재를 목격했다. 이 일은 선교사이자 작가인 에이미 카마이클(Amy Carmichael)이 잘 기록했다. 이후 10년 동안은 세계 교회가 웨일스 부흥 운동의 영향을 지대하게 받았다고 해도 과

언이 아닐 것이다. 왜냐하면 세계 교회들과 그리스도인들이 연합과 기쁨과 복음전도에 대한 열망을 더욱 크게 경험하게 되었기 때문이다.

웨일스 부흥 운동은 또한 젊은이들에게 강력한 영향을 주어서 평신도 리더들의 폭발적인 성장으로 이어졌다. 가슴에 불을 품은 남자들이 저 아래 광산에서 또 기차 안에서 함께 기도했다. 그리고 그들은 끈끈한 교제를 나누며 하나가 되었는데, 이 교제는 그 뒤로 웨일스 정치의 특징이 되는 사회주의에 영향을 주었다. 더욱이 이 부흥 운동의 도덕적 영향은 아무리 과장해도 지나치지 않다. 부흥이 일어나는 곳마다 자주 판사들이 재판할 일이 없어질 정도로 범죄가 줄어들었다. 기도 모임 때문에 술집이 텅텅 비었고 이전에 술주정뱅이였던 자들, 내기 상품을 놓고 싸움을 하던 사람들이 성령의 능력을 간증했다. 술에 취하는 일이 거의 사라졌으며 수천 명의 사람들이 술을 끊었다. 호텔들과 술집들은 영업에 큰 손실을 겪었다.

사람들은 자신들의 믿음을 진지하게 생각했다. 일터에서는 새로운 정직성이 생겨났다. 고용주들은 직원들이 정직하게 일하기로 새롭게 다짐하는 모습을 볼 수 있었다. 인격이 바뀌고 오래된 나쁜 습관도 끊을 수 있었다. 부흥 운동에 대한 재미 있는 이야기 중 하나는 갱에서 부리는 당나귀들이 자기 주인들을 더 이상 이해하지 못하게 되었다는 것이다. 사람들이 자기들에게 오

217

물을 던지고 욕을 하는 대신 친절하고 점잖게 말하게 됐기 때문이다. 빚은 청산되었고 불화가 치유되었으며 가정 생활은 더욱 개선되었다. 10년 동안 부흥 운동이 사회에 미친 영향은 엄청났다. 하지만 1차 대전이 끝날 때 즈음에는 이러한 부흥의 흔적이 거의 사라져 버렸고 오늘날에도 부흥의 징후는 보이지 않는다.

현대 복음전도자들을 위한 교훈

오늘날의 복음전도자들은 이 놀라운 부흥 운동에서 무엇을 배울 수 있을까? 가장 중요한 것은 아마도 복음전도자가 중심이 아닌 방식으로 역사하시는 하나님에 대해 열린 마음을 가지는 일일 것이다. F. B. 마이어(F. B. Meyer)와 윌리엄 부스(William Booth), 캠벨 모르간(Campbell Morgan) 같은 유명한 설교자들은 부흥 운동을 관찰하러 왔다가 설교를 요청받기도 했지만, 이 세 명 모두 지혜롭게 거절했다. 그들은 하나님의 역사가 분명한 일에 끼어들려고 하지 않았다. 로버츠 자신도 마찬가지 생각을 하고 있었다. 그래서 그는 부흥회 모임들을 통제하거나 조종하려는 어떤 시도도 하지 않았다. 그는 "이 운동은 내가 일으키는 것이 아니라 하나님이 하시는 것입니다"라고 거듭해서 주장했다. 그는 또 이렇게 말했다. "나는 감히 이 운동의 방향을 정하려는 어떤 시도도 하지 않을 것입니다." 성공적인 복음전도자일수록 통제하고자 하는 마음이 그 속에서 커지게 마련이다. 복음전도자는 하나님이 일하시는 때에 옆으로 비켜서는 법을 배울 필요가 있다.

복음전도자들이 배워야 할 또 다른 중요한 교훈은 설교가 반드시 예배의 가장 중요한 부분은 아니라는 것이다. 로버츠는 종종 모임들에서 몇몇 수수께끼 같은 말들 말고는 거의 아무 말도 하지 않았다. 그 대신 그는 하나님이 사람들에게 역사하시는 표징을 찾으려고 돌아다니곤 했으며, 어떤 방식으로든 그들을 도우려고 했다. 노래와 간증과 (종종 몇 사람이 한꺼번에 드리는) 기도와 하나님의 임재에 대한 경외감이 그의 설교보다 훨씬 더 큰 효과가 있었다. 사실, 대부분의 복음전도자들이 충격을 받는 것은 그가 설교를 전혀 준비하지 않았다는 점이다. 그는 하나님이 자기에게 주신다고 믿는 것을 말했다. 그는 나중에 자기가 무슨 말을 했는지 알지 못했다. 2세기에 사데의 주교로 활동했던 멜리토(Melito)도 로버츠처럼 선지자적 설교를 한 적은 있지만 이런 설교자를 찾는 것은 매우 힘든 일이다.

복음전도자를 위한 세 번째 중요한 교훈은 학문적인 신학 수업만으로는 설교자가 사람들에게 복음을 전하도록 준비시키지 못한다는 점이다. 로버츠는 그런 신학 교육을 받지 않았다. 하지만 그는 열정과 깊이 있는 성경 연구, 하나님과의 동행함을 통해 놀라운 영향력을 가질 수 있었다.

네 번째 교훈은 우리에게 너무나 명백하다. 로버츠는 기도를 위해 많은 시간을 사용하되 자신의 성공적인 사역을 위해 기도한 것이 아니라, 사랑하는 웨일스에서 하나님이 방해받지 않고 역사하시기를 위해 기도했다는 점이다. 진지한 기도 없이는 부흥은 물론이고, 효과적인 전도도 일어날 수 없다. 하지만 이 진지한 기도는 우리가 가장 멀리하고 싶어하는 기도이다. 이는 그만큼 힘든 일이기 때문이다.

모든 복음전도자가 주목해야 할 마지막 강조점이 있다. 하나님은 로버츠를 선택하셨고, 1년 남짓이라는 기간 동안 그를 경이로울 정도로 들어 사용하셨다. 그런 다음에는 그로 하여금 옆으로 물러나게 하셨고 그의 사역은 그렇게 끝이 났다. 복음전도자들은 자신들이 하나님이 사용하시기를 그만두실 수 있는 존재임을 항상 기억할 필요가 있다. 이것은 참 고통스러운 교훈이다.

11

20-21세기
전도 집회
_ 드와이트 무디, 빌리 그레이엄

전도 집회, 도시 전도를 새로운 차원으로 올려놓다

1837년 2월에 미국 매사추세츠 주 노스필드(Northfield)에 있는 어느 초라한 농가에서 아기가 태어났다. 이 아기는 19세기의 가장 위대한 복음전도자가 될 운명이었다. 그의 이름은 드와이트 무디(Dwight L. Moody)였는데 바로 대중집회 전도 운동의 창시자다.

이 대중집회는 미국 서부의 '부흥 집회들'에 그 기원을 두고 있다. 영국에서는 '부흥'이라는 말이 웨일스의 부흥 운동과 같이 하나님에 의한 주권적 개입을 의미하는 말이다. 미국에서는 이 부흥이라는 단어가 짧고 강렬한 복음전도 집회(evangelistic campaign)를 의미하는 말로 조금 다르게 사용된다. 독립전쟁 이후 미국의 개척자들이 서쪽으로 옮겨 감에 따라 감리교 순회 전도자와 침례교 농부-설교가들이 영적 필요를 채웠다. 그리고 얼마 지나지 않아 '캠프 모임'(camp meetings)이 시작되었다. 이 캠프 모임은 야외에서 함께 모여 찬송을 부르고 설교를 하고 그리스도께 나아오도록 초청하는 일로 구성되었다. '구도자들'을 위해 중앙 무대 근처에 난간이 설치되었고, 이 모임들은 하루에 세 차례씩 3-4일 동안 지속되었으며, 이 기간이 지나면 부흥사는 다른 곳으로 옮겨 갔다. 이 전도 집회 모임들은 영적인 모임일 뿐 아니라 많은 경우 고립된 곳에 살고 있었던 개척 정착민들에게는 중요한 사교적 모임이기도 했다.

　미국 동부에서는 이러한 '부흥 집회들'이 회개와 믿음에 대해 설교할 뿐만 아니라 무신론과 이신론까지 다루는 좀더 지적인 색깔을 띠었다.

도시 전도를 시행한 찰스 피니

　무디에게 가장 중요한 영향을 미친 사람은 단연 찰스 피니(Charles Finney)다. 피니는 1821년 어느 날 숲속에서 묵상하던 중에 강력한 성령 체험을 하고 그 스스로 그리스도께로 나아왔다. 그는 이후 설교가가 되었지만 초기의 노력에는 별다른 반응이 없었다. 그러나 많은 부흥 집회를 경험한 뉴욕에서 그는 많은 사랑을 받게 되었다. 그의 커다란 키와 분명한 목소리, 열정적인 언변은 많은 군중을 끌어들였다. 그는 사람들에게 바로 그 자리, 그 시간에 그리스도께 헌신하라고 도전했다. 그는 개인적인 결단의 필요성을 강조했는데 그의 알미니안주의는 당시의 일반적인 칼뱅주의와 선명한 대조를 이루었다. 만일 조나단 에드워즈가 그때까지 살아 있었다면 그를 소스라치게 만들었을 것이다.

　이후에 피니는 오벌린대학(Oberline College)에서 가르치는 사역과 부흥 모임을 인도하는 일에 자신의 시간을 분배하여 사용했다. 그의 메시지는 굉장히 성경적이었다. 하지만 그는 (하나님의 선택과는 반대되는) 인간의 자유의지를 강조했으며 그의 메시지는 직접적인 도전으로 가득했다. 그는 복음전도에 대한 당대의 이해에 실제적인 변화를 주었다. 횟필드와 에드워즈가 부흥을 하나님이 부어 주시는 축복으로 보고 이 부흥을 만들어 내기 위해 인간이 할 수 있는 일이 없다고 본 반면, 피니는 부흥을 복음 선포와 도전을 적절하게 적용한 것으로 보았다.

피니가 이룬 또 다른 성취는 빠르게 성장하는 도시들에 복음전도를 가져왔다는 점이다. 그는 대중 복음전도를 시행한 선구자였다. 도시인들은 3일씩이나 자신의 사업체를 비울 수 있는 형편이 아니었으므로 그는 3일간 지속되는 캠프 모임의 방식을 포기했다. 그 대신 한 달 혹은 6주 동안으로 기간을 늘려서 저녁 시간에만 모이는 부흥 집회를 열었다. 그는 또한 오늘날 우리가 당연하게 생각하는 복음전도에 대한 다양한 접근법을 개척했다. 그가 부흥 집회에 도착하기 전 열리는 기도회, 초대 전단지, 지역 신문의 광고, 집집마다 찾아다니며 부흥 집회에 초청하는 일, 현대 음악의 사용, '설교단 가까운 자리'에 앉아 있는 죄인들을 상담하는 훈련된 평신도들, 이런 방법들이 모두 피니에 의해 시작되었다.

이후의 복음전도자들, 특히 무디는 피니의 방법들을 발전시켜 사용했다. 피니에게는 배울 것이 많았다. 그의 설교는 긴급함에 대한 강조가 두드러진다. 그는 매일 몇 시간씩 기도했다. 그는 설교를 일상 생활과 연결시켰는데 그 자신이 심방을 많이 다녔기 때문에 이 연결을 매우 효과적으로 해낼 수 있었다. 그리고 전직 변호사로서 피니는 하나의 평결을 염두에 두고 설교했다.

신발 점원에서 복음전도자로, 드와이트 무디

그러나 도시 전도를 새로운 차원으로 끌어올린 사람은 무디였다. 노스필드 시골 동네의 그 어느 누구도 무디가 세계적인 복음전도자가 되리라고 상상하지 못했을 것이다. 석수이며 작은 농가의 농부였던 무디의 아버지는 그가 겨우 네 살이었을 때 부분적으로는 술 때문에 세상을 떠났다. 그래서 무디의 어머니는 작은 농장에서 아홉 명의 자녀를 양육해야 하는 짐을 떠맡게 되었다. 집안 형편이 매우 어려웠기에 무디는 11세가 되자마자 학교를 그만 두고 농장에서 일을 해야만 했다. 이후 무디는 더 이상의 교육을 받지 못했고 목사 안수도 받지 못했다. 그는 하나님이 "세상의 미련한 것들을 택하사 지혜 있는 자들을 부끄럽게 하셨다"라는 사도의 주장을 입증해 보여 주는 대표적인 인물이다 (고전 1:27).

17세가 되어 이 암울하고 작은 농장에서 벗어나게 되었을 때 그는 기뻐하며 보스턴으로 가서 삼촌의 신발 가게 점원으로 일할 수 있었다. 그러나 그 일을 할 수 있으려면 매주 교회에 가겠다고 약속해야만 했다. 그는 마운트 버논 회중교회(Mount Vernon Congregational Church) 주일학교에 참여했고 여가 활동으로 YMCA에도 참여했다. 그는 영적으로 둔감한 사람처럼 보였지만 시간이 흐를수록 기독교 메시지의 핵심을 흡수하기 시작했다. 1855년의 어느 날, 무디를 담당했던 주일학교 교사 에드워드 킴벌(Edward Kimball)은 구원에 대해 말해 주기 위해 그를 찾아왔다. 킴벌이 볼 때 무디는 복음에 반응할 준비가 되어 있었고, 바로 거기 곧 신발 가게의 뒷방에서 무디는 자신의 삶을 그리스도께 의탁했다.

하지만 무디에게는 아직 모든 것이 불분명하기만 했다. 심지어 교인 등록 신청을 했지만 거절당했다. 그리스도께서 그를 위해 무엇을 하셨느냐는 질문에 그가 "잘 모르겠습니다. 그리스도께서 저를 위해 많은 일을 하셨다고 생각하지만, 그 하신 일에 대해서는 제가 구체적으로 아는 게 없는 것 같습니다"라고 대답했기 때문이었다. 친절한 집사 두 명이 무디를 돕도록 배정되었고 그 다음 해에 무디는 정식 교인으로 받아들여졌다!

1856년에 무디는 시카고로 옮겨 그의 사촌 프랭크와 함께 구둣방에서 일하게 되었다. 그는 자신이 좋아하던 일에서 곧 두

각을 나타냈다. 사업이 번창했고 벌어들인 돈으로 땅도 사들였다. 그는 은퇴 후에 휴식을 취할 곳으로 노스필드의 고향 지역에 작은 농장을 구입했는데 나중에 여기에서 훈련 컨퍼런스를 열게 되었다. 그 동안 그의 신앙은 성장하고 있었는데 2년 후에 무디는 그 도시의 가장 낙후한 지역의 아이들을 위해 주일학교를 시작했다. 이 주일학교는 놀랍게 성장했고 이 일에 힘을 얻은 무디는 1861년에 비록 기꺼이 한 것은 아니지만 사업을 내려놓았고 풀타임으로 YMCA에 헌신하여 디렉터와 기금마련 책임자로 일했다. 그는 곧 YMCA 집회에서 인기 있는 강사가 되었고 1864년에는 오늘날 무디 기념교회(Moody Memorial Church)로 알려진 교회를 개척했다. 그는 양심적 병역 거부자였기 때문에 남북전쟁에 참전하지 않았지만 한동안 평신도 군목으로 섬기기는 했다. 그러나 그는 곧 대부분의 시간을 순회 전도에 헌신했다.

1871년에 시카고 대화재가 일어나 YMCA와 그의 자택, 선교 기지가 모두 불에 타버렸고 그는 한동안 깊은 우울감에 빠져 있었다. 그러나 이 일로 인해 하나님과 깊은 만남을 가지게 되었는데, 무디는 이 만남을 자신의 오순절 사건이라 불렀다. 이 만남은 무디가 그리스도인의 사회 봉사보다 복음전도로 무게 중심을 옮기게 만들었다. 1873년 즈음에는 그 증거들이 나타나기 시작했다. 무디와 그의 찬양 리더인 아이라 생키(Ira Sankey)는 영국을 방문해 잉글랜드와 스코틀랜드에서 복음전도 집회를 인도했다. 그의 메시지는 이전과 거의 동일했으나 그의 사역 가운데 새로운 능력, 곧 성령의 능력이 나타났다. 집회는 엄청난 반향을 일으켰고 미국에 돌아올 때 그는 유명 전도자가 되어 있었다.

1885년과 1888년에 무디와 생키는 미국 전역을 다니며 대중집회에서 설교하고 찬양했다. 이때 뉴욕 한 곳에서만 총 150만 명이 참석한 것으로 추산되며, 그의 생애를 통틀어 그에게서 복음을 들은 사람은 약 1억 명 정도 되고 그 가운데서 1백만 명이 그리스도께로 인도받은 것으로 추정된다.

단순함으로 유명한 무디의 메시지

무디가 전한 메시지는 어떤 메시지였기에 그렇게 많은 사람들의 마음을 흔들어 깨워 놓은 것일까? 19세기 후반은 산업적으로나 지적으로나 사회적으로 대변혁의 시대였다. 너무나 단순한 무디의 메시지가 도시의 군중들에게 효과가 있었던 것일까? 그는 진화론을 거부했고 당시 인기 있었던 성경에 대한 고등 비평을 일절 다루지 않았다. 그는 근본주의자로서 성경공부에 많은 시간을 보냈으며 성경에서 강조되는 진리를 발견하면 그 진리에 대해 설교했다.

그의 외적인 조건만 놓고 보면 사람을 끄는 매력은 없었다.

온화한 기질이기는 했지만 뚱뚱했고 많이 배우지 못했으며 세련되지도 않았다. 하지만 그는 사람의 마음에 직접 이야기하는 방법을 알고 있었다. 신학을 배운 것을 주장하지 않았지만 잃어버린 자가 된 인간의 실존과 예수님의 대속의 피, 성령에 의한 중생의 필요, 이 세 가지 중심 주제에 대해 열정을 가지고 전했다. 그는 사람들에게 결단을 압박하지 않았고 그 일은 성령께 맡겼다. 그는 예수님이 핵심 주제를 이루는 성경의 가르침을 설명하고 적용하는 것을 자기 일로 알았다. 그것은 그가 *The Great Redemption*(위대한 구원)에서 표현하고 있듯이, "기독교는 도그마가 아니고, 신조도 아니며, 교리도 아니고, 감정도 아니며, 인상도 아니라 바로〔예수님의〕 한 인격"이기 때문이다.

따라서 무디의 설교는 그 단순함으로 유명했다. 비록 그 자신의 참신함으로 부자들과 신분 높은 사람들과 지적인 사람들을 집회에 나오도록 이끌었지만, 그는 누구든지 이해할 수 있는 표현을 사용했으며 그 자신이 태어난 소외 계층에 대한 애정을 결코 내려놓지 않았다. 이들 소외 계층 사람들은 종종 무디를 조롱하러 왔다가 남아서 기도하곤 했다. 그는 글자를 읽지 못하는 사람들에게 말할 때에는 그가 '글 없는 책'이라고 부른 시각 자료를 사용했다. 이 책은 스펄전이 만든 것인데 원래 세 가지 색깔로 되어 있었다. 가장 아래쪽의 색깔은 인간의 상태를 나타내는 검정색이었고 가운데는 그리스도의 대속 사역을 나타내는 붉은색,

가장 위쪽의 색깔은 그리스도를 통해 의롭다 칭함을 받고 의로워진 죄인을 나타내는 흰색이었다. 무디는 여기에 금색을 더하여 하나님이 사람들을 부르시는 천국을 표현하도록 했다.

그는 중국 선교의 창시자인 허드슨 테일러(Hudson Taylor)와 알고 지냈는데 그에게 이 글 없는 책을 소개해 줌으로써 타문화 선교의 발전을 도왔다. 중국에서의 타문화 선교는 저 유명한 케임브리지의 7인이 1882년의 케임브리지 대학 전도 집회 때 무디를 통해 그리스도께 인도함을 받고 선교를 위해 중국으로 건너갔을 때 더욱 힘을 얻게 되었다. 무디는 중국에서의 사역에 대한 애정을 한시도 잃어버린 적이 없었다.

그가 영국에 끼친 영향은, 시작은 순탄하지 않았지만 실로 엄청났다. 에딘버러가 열쇠였다. 그는 비국교파 교회들(the Free Churches)을 대표하는 한 위원회의 초청을 받고 에딘버러에 갔었다. 그들은 무디가 승락한다면 집회 장소를 준비하겠다고 약속했다. 무디는 겁에 질렸다. 그의 일화 중심의 설교와 단순한 말들이 학식은 있으나 먼지투성이의 신학으로 가득한 이 수도에서 어떻게 받아들여질까? 만일 여기서 실패한다면 무디는 영국에서 비웃음을 받으며 쫓겨나야 했다. 그러나 그가 인도한 8주간의 집회는 놀라울 정도로 큰 결실을 나타냈다. 무디의 메시지는 영국인들이 이전에 들어보았던 그 어떤 사람의 메시지와도 달랐다. 다음은 그가 전한 설교의 샘플이다.

지난 밤에는 또 다른 젊은이가 나에게 말하기를 자신은 너무 큰 죄인이라 구원받을 수 없다고 했습니다. 세상에, 죄인들이야말로 그리스도가 찾으신 바로 그 사람들입니다! "이 사람이 죄인을 영접하고 음식을 같이 먹는도다"(눅 15:2). 이 땅에서 사람들이 그리스도께 던질 수 있는 유일한 비난은 그가 나쁜 사람들을 영접한다는 것이었습니다. … 여러분이 하실 일은 여러분 자신이 죄인이라는 것을 증명하는 것입니다. 그러면 저는 여러분에게 구원자가 계심을 증명해 드리겠습니다. 여러분이 더 큰 죄인일수록 여러분에게는 구세주가 더욱 필요합니다. … 만일 여러분의 죄가 캄캄한 산처럼 솟아 올라 여러분 앞을 가로막는다면, 예수 그리스도의 피가 그 모든 죄를 정결케 하신다는 사실을 명심하시기 바랍니다. 너무 크거나, 너무 어둡거나, 너무 악독한 죄는 없습니다. 그리스도의 피가 그 모든 죄를 덮을 수 있습니다. 따라서 저는 여러분에게 아주 오래된 기쁜 소식을 다시 전합니다. "인자가 온 것은 잃어버린 자를 찾아 구원하려 함이니라"(눅 19:10). 맨체스터에 사는 제 친구가 몇 년 전 시카고에 왔었는데….

무디는 계속해서 또 다른 생생한 예화를 이어갔다. 성경 이야기들과 생생한 예화들, 그리스도를 따르라는 열정적인 도전이 무디가 전한 설교의 핵심 요소들이었다. 그런데 이 요소들과 더

불어 생키가 부르는 새로운 노래들도 집회의 많은 부분에 영향을 끼쳤다. 이 노래들은 지루한 선율의 시편 찬송에 익숙해 있던 청중들에게 충격을 주었고 결국에는 그들을 전율하게 만들었다. 집회에서 음악이 갖는 힘을 가장 먼저 깨달은 사람이 무디였다. 생키는 집회가 시작될 때 회중 찬송을 인도하곤 했다. 그 다음에는 성가대가 몇 곡을 불렀다. 설교 전에 생키가 독창을 하고 집회 마지막에 무디가 질문의 방(inquiry room)으로 초대하는 말을 할 때는 또 다른 사람이 나와 독창을 하곤 했다. 이 찬양들 가운데 많은 곡들이 그들이 함께 출판한 *Sacred Songs and Solos*(거룩한 노래와 독창)이라는 책에 수록되어 있다. 그것은 엄청난 성공이었다.

'질문의 방'은 무디가 만든 또 하나의 혁신이었다. 감정이란 재빠르게 증발해 버린다는 사실을 깨달았기에 그는 자신의 설교에서 감성주의를 피했다. 그 대신 그는 질문이 있는 사람들을 별도의 방으로 초대했다. 거기서 무디가 '결신 상담자'(personal worker)라고 부르는 훈련받은 평신도들과 목회자들이 각 개인의 질문에 답해 주었다. 무디는 그들의 해야 할 일을 다음과 같이 제시한다. "참을성 있게 각 사람의 질문을 철저히 다루어 주라. 서둘러 이 사람에게서 저 사람에게로 옮겨 가선 안 된다. 인내심을 가지고 기다리고 하나님의 말씀으로 권하라. 그렇다! 그리스도를 위해 한 영혼을 얻는 것이 어떤 의미인지를 생각하라. 한 사람에게 붓는 시간을 아까워하지 말라."

이 모든 것은 하나님을 기본적으로 진노의 하나님이라는 인상을 가지고 믿어 오면서 교인들이 겪어야 했던 예정론에 대한 메마른 논쟁과는 너무나도 달랐다. 무디의 전도로 에딘버러가 불이 붙었다. 무디가 6주 동안 머물렀던 글래스고와 5개월을 머물렀던 런던에서도 거의 동일한 영향이 감지되었다. 수천 명이 그리스도께로 나아왔다. 그중에는 그때까지 들어온 복잡한 설교에 혼동을 느끼던 성도들도 있었고, 전혀 교회에 다닌 적이 없었던 일반인도 있었다.

무디가 가장 큰 성공을 거둔 것은 아마도 그와 생키가 1882년에 마을 사람들과 대학 구성원들 모두를 대상으로 케임브리지에서 열었던 일주일간의 전도 집회였을 것이다. 맨 처음 이들을 맞았던 것은 무디의 학식에 대한 교수들의 비웃음과 학부생들이 낄낄거리며 해대는 조롱이었다. 하지만 1주일 뒤에 무디가 2천 명 이상의 학생들에게 설교했을 때 그 반응은 엄청났다. 그날 밤에 2백 명의 학생들이 일어나 그리스도에 대한 믿음을 고백했으며 그들 중 많은 이들이 앞서 언급한 케임브리지의 7인과 같이 복음 전파를 위해 해외로 나갔다. 그중에는 첫날 밤에 그들에게 가장 많은 조롱을 퍼부었던 제럴드 랜더(Gerald Lander)가 포함되어 있었는데 그는 나중에 중국에서 선교사 주교가 되었다!

무디에 관한 이야기들은 무궁무진하지만 가장 중요한 것은 하나님께서 왜 이 사람을 그렇게 크게 사용하셨는가 하는 것과 무디가 특별히 복음전도에 어떤 기여를 했는가를 생각해보는 것이다. 무디의 또 다른 작품인 무디 성경학교의 초대 교장이었으며 그 자신 역시 무디를 계승해 탁월한 복음전도자였던 토레이 박사(Dr. R. A. Torrey)는 자신의 친구인 무디가 죽고 나서 짧은 책을 하나 썼다. 토레이 박사는 무디를 매우 잘 알았는데 그는 하나님이 이 사람을 그렇게 크게 사용하신 데는 아마도 일곱 가지 이유가 있는 것 같다고 말한다.

첫째로, 그는 하나님께 전적으로 복종했다. 둘째로, 그는 깊고도 믿음 충만한 기도의 사람이었다. 셋째로, 그는 성경을 깊이 연구하고 실천하는 사람이었다. 넷째로, 그는 자신에게 사람들의 이목이 집중되는 것을 싫어했던 지극히 겸손한 사람이었다. 무디는 모든 영광이 주님께 돌려지기를 원했다. 다섯째로, 그는 돈에 대한 사랑으로부터 완전히 자유했으며 자신에게 있는 것으로 최대한의 자선을 베풀었다. 여섯째로, 그는 잃어버린 영혼 구원을 위한 불타오르는 열정이 있었고 날마다 누군가를 그리스도께로 인도하고자 애를 썼다. 일곱째로, 그는 위에서 오는 능력으로 세례를 받고 성령으로 충만한 사람이었다.

복음전도자로서 무디가 특별히 기여한 것은 무엇일까? 그의 기여한 바는 길게 나열해야 할 만큼 많으며 그 영향력은 오늘날까지도 남아 있다. 첫째, 무디는 '부흥'에 대한 인식을 바꾸었다. 그는 부흥이 잠자는 그리스도인을 깨우는 것이 아니라 새로운 그리스도인을 얻는 것을 목표로 하는 '전도'(mission)라고 여겼다. 둘째, 무디는 사업가로서 사업의 원리들을 복음전도에 적용했다. 그는 한 도시 내에 있는 모든 복음주의 교회들이 교단에 대한 어떤 염려도 없이 함께 협력하도록 만드는 데 있어 대체적으로 성공을 거두었다. 그는 추진위원회를 구성했으며 분과위원회들을 두어 각기 재정과 기도, 음악, 광범위한 홍보를 담당하게 했다. 어떤 이들은 무디가 예배를 광고하는 것에 대해 꼴사나운 일이라고 비난했다. 하지만 이에 대해 무디는 "텅 비어 있는 회중석을 향해 설교하는 것이 훨씬 더 꼴사나운 일이다"라고 답했다. 그는 안내위원과 찬양대원, '결신 상담자들'을 모집하고 훈련했다. 대형 강당을 빌리거나 임시로 '천막 교회당'을 세웠다(종종 이 천막 교회당은 이동이 가능했다!). 길고 신학적인 설교 대신에 무디의 설교는 짧으면서도 효과적이었다. 그의 메시지는 성경적이었고 적절한 예화가 곁들여졌으며 회개와 믿음에 대한 분명한 도전으로 그 절정에 이르렀다.

무디는 피니가 시작했던 질문의 방에 대한 아이디어를 더욱 발전시켜 나중에는 결신 카드를 활용하기 시작했다. 이 결신 카드는 중요한 혁신이었다. 결신 카드는 질문이 있는 사람들로 하여금 확실한 한 걸음을 내딛도록 도왔을 뿐 아니라 정확한 기록으로 남길 수 있게 해 주었고 또 지역 목회자들에게 그 이름을 전달하여 후속 조치를 받을 수 있게 해 주었다.

　　아마도 음악과 설교를 결합시킨 것이야말로 무디가 일으킨 가장 중요한 혁신일 것이다. 존 마크 테리(John Mark Terry)는 《표준 전도역사》(Evangelism: A Concise History)에서 이렇게 설명한다. "무디는 복음전도자로 활동하는 동안 여러 다른 음악인들을 활용했다. 1870년대에는 아이라 생키(Ira Sankey)와 함께 사역했는데 이때가 그의 복음전도가 가장 활발했던 시기이다. 생키의 매력적인 음악이 많은 이들을 집회로 이끌었다." 무디는 겸손하게 이렇게 표현한다. "사람들이 생키의 노래를 들으러 왔고 그때 내가 그들을 복음의 그물로 낚았다."

　　무디 자신은 정식 교육을 거의 받지 못했음에도 교육의 중요성에 대한 강한 확신을 갖고 두 개의 학교를 설립했다. 복음전도에 있어 교육의 중요성에 대해서도 마찬가지였다. 노스필드에서 진행된 훈련과 콘퍼런스, 출판물들, 무디성경학교의 전신인 성경대학(the Bible College) 설립, 이 모든 것들이 혁신적이고 의미 있는 일들이었다. 무디의 사역을 살펴보면, 그가 채택하거나 시작했던 방법들 중 많은 것들이 오늘날까지 대중전도 집회에서 계속되고 있음이 분명하다. 이 방법들은 분명 빌리 그레이엄에게 영향을 미쳤다.

세계적인 복음전도자 빌리 그레이엄

빌리 그레이엄은 미국 노스캐롤라이나 주의 샬럿(Charlotte) 근처 목장에서 성장했다. 1934년에 이 키 크고 잘생긴 젊은이가 마침내 친구의 거듭된 초청에 항복하고 모르드카이 햄(Mordecai Ham)이 이끄는 텐트 집회에 참여했다. 이곳에서 그는 그리스도께 인도함을 받았고 곧 자신의 학교에서 성경공부 모임을 만들었다. 졸업 후에 밥존스대학(Bob Jones University)에 등록했으나 탐파(Tampa)에 있는 플로리다성경학교(Florida Bible Institute)로 옮겼다. 그곳에서 공부하는 동안 그는 젊은이들을 위한 전도 모임을 통해 상당한 영향력을 발휘했다.

1943년에 휘튼 대학(Wheaton College)에서 계속 공부하는 중에 루스 벨(Ruth Bell)과 결혼했고 군목으로 섬기려고 군입대를 지원했다. 이 일은 실제 성사되지는 않았지만, 그 해에 그는 '밤중의 노래'(Songs in the Night)라는 지역 라디오 방송 프로그램을 제안받았고, 지역 라디오 방송의 경영진인 조지 시어(George Beverly Shea)를 설득해 그 프로그램을 제작하고 음악을 담당하게 했다. 그들은 꽤 많은 청취자를 얻었다. 그러나 그 다음 해 그레이엄에게 중요한 기회가 찾아왔다. 시카고랜드 YFC(Chicagoland Youth for Christ) 집회에 처음으로 강사로 섬겨 달라는 초청을 받았는데, 이 집회에서 마흔두 명이 그리스도를 영접했다. 얼마 지나지 않아 그레이엄은 YFC의 전임 사역자가 되었고 미국을 가로지르며 YFC 집회들에서 주로 말씀을 전했고 그중 일부는 대형 집회였다.

1949년에 로스앤젤레스에서 첫 번째 대중전도 집회를 열었을 때 그는 전국적인 유명 인사가 되었다. 그리고 그 이듬해에 그는 빌리그레이엄전도협회(Billy Graham Evangelistic Association)를 설립했다. 그는 늘 팀으로 일하기를 좋아했고 핵심 동역자들은 그를 함께 나이가 들어갈 때까지 오래도록 함께 사역했다. 1951년에는 네비게이토선교회의 창시자인 도슨 트로트만(Dawson Trotman)을 그의 팀에 영입할 수 있었다. 트로트만은 새신자 후속 조치에 있어 전문가였는데 이 부분은 그레이엄의 조직이 취약했던 부분이었다. 1953년에 그레이엄은 그의 가장 유명한 책 《하나님과의 평화》(Peace with God)를 출판했으며 '나의 대답'(My Answer)이라는 제목으로 여러 신문에 매일 고정 칼럼을 기고하기 시작했다.

미국 바깥에서 큰 도약이 있었던 것은 1954년의 저 유명한 해링게이 전도 집회(Harringay Crusade)로 인함이었는데, 이 집회는 자그마치 12주 동안이나 계속되었다. 이 집회는 초교파적인 위원회가 조직한 것이었고 영국 국교회 지도층과 언론은 매우 의심스러운 눈초리로 바라보고 있었다. 그러나 이 집회는 런던의 시장과 캔터베리 대주교의 호위를 받은 빌리 그레이엄이 수도인 런던에서 가장 큰 야외 공간인 웸블리 스타디움에 운집한

12만 5천 명 이상의 사람들에게 말씀을 전하는 것으로 대단원을 이루었다. 온 나라가 하나님께로 돌아가려는 대회심의 문턱에 서 있었다. 만일 그가 좀 더 오래 영국에 머물고 사람들이 영적인 일에 대해 보인 전례 없는 관심을 지역 교회들이 잘 활용했더라면 엄청난 대회심이 실제로 일어나지 않았을까 하고 생각해 보게 된다.

다양한 배경의 사람들이 그리스도에 대한 믿음을 가지게 되었고 신학 대학들은 곧 해링게이에서 그리스도께 헌신한 사람들로 넘쳐나게 되었다. 그레이엄은 사람들이 모이는 곳마다 화제거리가 되었고 종교에 대해서는 보통 아무 관심이 없던 술집에 모인 사람들까지도 그레이엄에 대해 이야기했다. 많은 부분에 있어 그레이엄은 무디의 접근 방식을 따랐다. 그는 쉽고도 성경적인 설교를 하면서 인간의 필요와 구원을 주시는 하나님께 초점을 맞췄으며 따뜻한 마음을 담은 많은 예화들을 통해 메시지를 전달했다. 매 설교는 그리스도께 반응하기 원하는 사람은 "자리에서 일어나 앞으로 나오라"는 단호하지만 감정에 호소하지 않는 초청으로 그 절정을 이루었다. 많은 사람들이 그 초청에 응했다.

하나님은 그레이엄에게 기름을 부으셔서 영국을 하나님께로 부르시는 일에 특별한 일꾼으로 사용하셨다. 그의 설교가 특별하게 기억할 만한 설교였던 것은 아니다. 많은 설교가들 역시 자신들의 때에 말씀을 전했다. 그러나 하나님의 권능이 그레이엄 위에 있었고 듣는 이들의 반응은 엄청났다. 자리에서 일어나 앞으로 나온 사람들은 개인적으로 상담을 받았고 이름과 세부 사항들을 적어 내면 교단과 관계 없이 지역 교회 목회자들에게 전달되었다. 그때 연단으로 나왔던 모든 사람들이 기독교적 삶을 지속한 것은 아니었다. 하지만 그것은 아마도 전도자의 메시지에 문제가 있었기 때문이기보다 지역 교회의 후속 조치에 어려움이 있었기 때문일 것이다.

그레이엄은 이제 세계에서 가장 유명한 사람들 중 하나가 되었고 세계 곳곳에서 전도 집회를 열어 달라고 부탁했다. 그레이엄은 지치지 않는 열정으로 5개 대륙을 두루 다니면서 4백회 이상의 전도 집회를 열었다. 다른 복음전도자들과 달리 그레이엄은 자신의 역할이 특별해지는 것을 거절하고 팀과 긴밀하게 동역했다. 집회는 팀이 함께하는 일이었고, 그들 모두 하나님께서 영광 받으시도록 주의를 기울였다. 그는 또한 전도 집회의 아주 세세한 부분까지, 이를 테면 교회의 재정 지원과 홍보, 라디오, 텔레비전, 후속 조치 자료 등이 준비되도록 했다. 무엇보다, '기도'에 있어 모두가 철저하게 준비되도록 했다. 무디와는 대조적으로 그레이엄은 매번의 설교를 세심하게 준비했다. 그런 다음 성령의 능력 없이는 자신의 말이 아무런 능력도 없음을 알기에 성령의 능력을 간구하는 기도에 전념했다.

그레이엄은 또한 자신을 적대시하는 국가들이나 그들의 종교적인 배경들을 고려해 탁월하게 조율했으며 간증, 음악, 영화, 라디오, 인쇄 매체를 최대한으로 활용했다. 그는 교회는 모두 하나의 색깔로 보았고 이 때문에 복음주의자들뿐 아니라 로마 가톨릭과 정교회로부터도 지지를 얻어 내는 은사를 나타냈다. 그는 또한 근거 없는 비난을 피했고 그리스도의 사랑과 겸손을 나타냄에 있어서 부러워할 만한 지혜를 가지고 있었다. 그는 결코 미워할 수 없는 사람이었다! 그의 정직함, 예의 바름, 진정성이 그의 강력한 성경적 메시지와 결합되어 공산주의 국가, 인도, 호주, 뉴질랜드, 자신이 태어난 미국 등 가는 곳마다 사람들의 마음과 생각을 사로잡아 그리스께로 인도했다.

모든 전도 집회에서 그는 복음전도학교(School of Evangelism)를 운영하여 다른 사람들이 자신의 발자취를 따라 전도자의 삶을 살도록 훈련시켰다. 사도 시대 이후로 그와 같은 전도자는 없었다. 그리고 그는 일생 동안 성적인 문제나 재정적인 부적절함으로 조금이라도 문제가 된 적이 한 번도 없었다. 그는 언제나 자신의 비서가 자기와는 다른 호텔에 묵도록 신경을 썼다. 자신이 모으는 모든 기금은 자선 단체나 빌리그레이엄선교회(Billy Graham Evangelistic Organization)로 보냈으며, 그와 그의 팀 멤버들은 그 선교회에서 적은 연봉을 받았다. 그의 가족들은 빌리 그레이엄이 밖에서나 가정에서나 항상 똑같았다고 증언한다. 그에 대한 가족들의 사랑은 감동적이다.

그가 한 사역 중에서 또 다른 위대하고 혁신적인 일은 1974년에 있었던 로잔대회(Lausanne Congress)이다. 이것은 복음 전도에 열정을 가진 4천여 명의 목회자들과 평신도들이 모인 말 그대로 국제적인 회의였다. 이 회의는 미국과 영국이 주도하지 않고 서구보다 훨씬 더 효과적인 복음전도가 이루어지고 있던 제2, 제3 세계의 국가들이 더 많이 참여했다. 로잔 회의는 전 세계적 모임을 통해 복음전도에 대해 주목할 만한 초교파적 고려를 하고 또한 복음전도를 자극하는 기회가 되었다. 또한 세계의 여러 지역에서 전도 사역이 광범위하게 증가하게 하는 결과를 가져왔다.

로잔대회는 1910년에 있었던 세계 복음화를 위한 에딘버러 회의(Edinburgh Conference) 이후로 개인의 구원을 강조하는 복음주의자들과 사회적 관심에 점점 더 집중하는 더 진보적인 교회들 사이에 벌어져 가던 균열을 치유했다. 로잔에서는 복음전도만큼이나 복음의 사회적 측면이 강조되었고 이러한 균형 잡힌 비전이 복음주의 기독교를 내세에만 관심을 가지는 경건주의에서 건져냈다. 로잔 언약(Lausanne Covenant)은 여러 번의 수정을 거쳐 거의 만장일치로 통과되었고, 이후 수십 년 동안 광범위한 논의를 이끌어 낸 주요 선교 선언문이 되었다. 로잔 회의의 또 다른 지혜로운 결정은 더 자유주의적인 세계교회협의회(WCC)에 대항하여 세계 복음주의 조직을 창설하지는 않기로 하고, 그 대신 권한이 작은 위원회를 세워 로잔의 목표를 계속 추진해 갈 수 있도록 위임한 것이다. 이것은 오늘날까지 지속되고 있으며 엄청난 결실과 혁신을 보여 주고 있다.

그레이엄은 사별의 아픔과 세월의 무게 앞에서도 복음전도를 포기하지 않았다. 그의 영향력은 오히려 지혜롭고 자비롭고 인자한 상담가로서 전세계적으로 더 커졌으며, 여러 미국 대통령들을 비롯한 국제적 리더들과 가까운 관계를 유지했다. 그는 남아프리카 공화국과 아일랜드의 고통스럽게 분열된 사회에서 평화의 중재자로서의 은사도 보여 주었다. 나는 아파르헤이트(apartheid; 인종차별)가 절정에 달했던 1973년에 더반(Durban)에서 열렸던 그의 대규모 전도 집회를 기억한다. 그때 남아프리카 공화국 정부와 화란개혁교회(Dutch Reformed Church) 모두 그 나라에 그레이엄이 온 것에 대해 매우 미심쩍어했다. 킹스 파크 럭비 스타디움이 사람들로 가득 찼고 그레이엄은 매력적이고도 단순하게 말씀을 전했다. 그의 호소가 끝난 후 스타디움의 분위기는 뜨거워졌고 약 4천여 명이 거대한 파도처럼 연단을 향해 쏟아져 나왔다. 통계적 평균에 근거하여 대략 1,500명 정도를 예상했으므로 상담자들이 부족했다. 나는 후속 자료가 든 패킷이 거대한 군중 속으로 이러저리 던져지는 것을 보았다!

이 전도 집회는 나라 전체에 즉각적인 영향을 주었지만 불행하게도 믿음을 고백하기 위해 앞으로 나갔던 모든 사람들이 필요한 도움을 다 얻지는 못했다. 그날은 다양한 사회적 수준과 피부색을 가진 남아프카공화국 사람들이 인종을 초월해 모인 대규모 기독교 모임에 문명화하고 통합하는 능력이 있음을 처음 본 순간이었다. 그들은 그것을 좋아했다. 나는 게이트에 서 있던 무장 경비들이 눈물을 글썽이는 모습을 보았고, 흑인과 백인과 인디언이 너무나도 친밀하게 함께 앉아 있는 모습을 보았으며, 수천 명이 십자가 앞에서 무릎 꿇고 그들의 마음을 쏟아내는 장면을 지켜보았다. 나는 잔디밭에 흑인들과 함께 앉아 있었는데 그들의 놀라워하고 기뻐하는 모습을 결코 잊지 못할 것이다. 그것은 이후에 필연적으로 이루어질 정치적, 사회적 통합을 미리 맛보는 것과 같았다.

빌리 그레이엄은 그의 인생 마지막까지 복음을 전하려는 의지를 가지고 있었다. 실제로 그는 몸이 너무 쇠약하여 강단에 설 수 없었을 때조차 라디오와 텔레비전으로 복음을 전했다. 그의 장례식에는 오바마를 제외한 살아 있는 모든 대통령이 참석했는데, 여기서 그가 인생을 바쳤던 복음이 새롭게 선포되었으며 수천 명이 자신의 신앙 고백을 녹음하여 남겼다.

그레이엄은 설교자였지만 그것이 전부는 아니었다. 그와 그의 선교회는 거의 백 편에 달하는 영화를 찍었는데 그 가운데 가장 유명한 것이 《피난처》(The Hiding Place)다. 그들은 처음에는 다양한 곳에 메시지를 전달하기 위해 유선전화를 사용했지만 그 다음에는 텔레비전을 사용했다. 마찬가지로 라디오도 탁월하게 잘 활용했다. 1958년 즈음에는 일주일에 약 2천만 명이 결신의 시간(Hour of Decision)이라는 프로그램을 청취했다. 그의 책 《하나님과의 평화》는 100만 부 이상이 판매되었다. 그의 선교회는 〈결신〉(Decision)이라는 잡지를 만들기 시작했는데, 이 잡지는 금 방 다른 모든 종교 잡지의 발행 부수를 넘어섰고 2백만 부를 발행했다. 그는 자신의 아들 프랭클린이 세상에서 가장 가난한 곳의 육체적 필요를 채워 주고 자연 재해에 응답하는 '사마리안퍼스'(Samaritan's Purse)라는 단체를 창설하도록 도왔다. 그는 마틴 루터 킹과 함께 강단에 서서 아파르헤이트의 붕괴를 촉구했다. 고위 정치인들과의 관계를 활용하여 한 나라가 위대하려면 윤리적이어야 한다고 강조했다. 마침내 이처럼 전방위적으로 사역하는 복음전도자가 나타난 것이다.

빌리 그레이엄은 전세계에 복음을 전하는 복음전도자가 되었다고 말해도 과장이 아닐 것이다. 그는 그 어떤 설교자보다도 더 많은 사람들에게 메시지를 전했다. 그는 젊은이들과 함께 일하기를 좋아했고 아홉 번이나 어바나 국제학생 대회(Urbana Congress) 연단에 서서 학생들에게 하나님을 위해 평생을 살라고 도전했다. 그는 예일대의 저명한 선교사 윌리엄 보든(William Borden)이 했던 "남김 없이, 후퇴 없이, 후회 없이"(No reserve, no retreat, no regrets)라는 말을 종종 인용하곤 했다. 그는 심지어 대규모 전도 집회를 존경스러운 것으로 만들었다. 하지만 그 전도 집회의 장기적 결과에 대해서는 의문이 남아 있다. 무디와 그레이엄의 전도 집회에 참석했던 사람들 가운데 약 60퍼센트가 이미 교회 성도였던 것으로 추정되었다. 그레이엄의 호소에 연단 앞으로 나갔던 사람들 가운데 대부분이 그 이후 교회에 나타나지 않았다. 예를 들면, 그레이엄이 영국 글래스고의 켈빈 홀(Kelvin Hall)에서 두 번째 전도 집회를 열었을 때, 52,253명이 결신자로 등록했다. 그러나 그 결과로 지역 교회에 가입한 사람은 3,802명뿐이었다. 그레이엄은 "가장 중요한 것은 후속 조치라는 결론을 얻었다"라고 말하기도 했다. 대부분의 전도자들이 이미 아는 것처럼 이것은 가장 어려운 일이기도 하다.

그레이엄이 전한 메시지에 약점이 있었는가? 제자도의 대가에 대한 강조가 충분히 이루어지지 못했는가? 그토록 수많은 사람이 연단 앞으로는 나갔음에도 그리스도에게 지속적인 헌신을 하지 못한 데는 다른 사람이 하니까 나도 해야 한다 라든가, 혹은 호기심과 같은 것이 작동했기 때문인가? 실패의 주요 원인이 충분히 훈련받지 못한 상담자들에게 있는가, 아니면 지역 교회들이 전달받은 사람들의 명단을 목회적으로 돌보지 못한 데 있는가? 대규모의 흥미로운 전도 집회는 교회들로 하여금 특별 이벤트에 지나친 관심을 기울이게 만들고, 연중 행해지는 지역을 위한 복음전도 사역을 약화시켰는가?

　이 질문들에 대해 아직 확실한 답을 하기는 어려운 것 같다. 대규모 전도 집회가 지속적인 지역 복음전도와 세심한 후속 조치로 균형을 맞춰야 하지만, 무디와 그레이엄의 전도 집회가 끼친 영향력은 아무리 과장해도 지나치지 않다. 그들은 문자 그대로 수백만의 사람 앞에 그리스도를 모셔 왔고, 그들 중 많은 사람들이 그때까지 한 번도 그리스도에 대해 들어본 적이 없었다. 무디의 설교로 범죄율이 획기적으로 줄었고 그레이엄의 설교로 말미암아 인종 통합, 교파의 경계를 초월하고자 하는 새로운 갈망, 고도로 세속화된 나라에서도 복음전도가 가능하다는 깨달음을 얻게 되었다. 두 사람 모두 하나님이 일하고 계시다는 사실을 보여 주었다. 또 그분을 부르는 모든 사람들에게 가까이 계셔서 그들을 만나 주신다는 사실도 보여 주었다. 이 자체만으로도 전 세계의 그리스도인들에게 엄청난 격려가 된다.

PART 2

이 시대 복음전도의
도전과 과제

12
나의 복음전도
60년

이 시대에 어떻게 전도할 것인가, 역사에서 배우라

지나간 시간을 돌아보며 얼마나 자주 그리스도인들이 변치 않는 복음에 새로운 옷을 입혀야 했던가를 성찰해 보는 것은 대단히 흥미로운 일이다! 이번 장에서는 나 자신의 복음전도에 대한 경험과 그것으로부터 내가 배운 교훈들과 내가 목도했던 변화들에 대해 생각해 보고자 한다.

내가 처음으로 한 친구를 그리스도께로 인도한 것은 1950년대였다. 그로부터 얼마 되지 않아 나는 대중 전도에 나서기 시작했다. 처음으로 옥스퍼드대학에서 복음을 전하는 설교를 해 달라는 요청받았던 때가 생각난다. 나는 겁이 났고 질문이 있는 사람들은 남아 달라고 요청해야 할지 말지를 놓고 고민했다. 결국 나는 남아 달라고 요청했고 몇 사람이 그리스도께로 나아왔다. 이 일은 내게 엄청난 격려가 되었다.

당시 이 나라에 사는 사람들 대부분은 어느 정도의 기독교적 배경을 가지고 있었다. 당시 영국에는 다른 신앙이 존재하지 않았고 다만 영국인들의 일반적인 무관심이 있었다. 따라서 복음전도자가 할 일은 사람들이 모호하게 알고 동의하는 것을 명쾌하게 설명하고 그들에게 반응하도록 도전하는 것이었다. 복음을 변증하기 위해 많은 수고를 할 필요가 없었고 간증도 필요하

지 않았다. 대부분의 사람들에게 설교는 삶의 일부분으로 용인
되는 것이었다. 그리고 설교가 활력이 있는 경우 사람들은 대체
로 그 설교에 귀를 기울였고 많은 이들이 반응을 보였다.

대규모 전도 집회

1950년대는 영국에서 빌리 그레이엄의 전도 집회 사역이
처음으로 있었던 때다. 그레이엄이 미국에서 이 사역을 시작한
것이 1949년이었다. 1952년에 나는 옥스퍼드대학 크리스천연
합 회장이었는데, 그때 열렬한 그리스도인이었던 윌슨 하펜든
(Wilson Haffenden) 장군이 연합에 와서는 자신과 몇몇 친구들이
이 젊은 복음전도자를 영국에 초청하는 모험을 하겠다고 말했던
것을 기억한다. 그 결과, 역사적인 사건이 일어났다. 교회들의
반대에도 불구하고 이 집회는 영국에 엄청난 영향을 미쳤다.

해링게이 아레나 지역은 밤마다 인산인해를 이루었고 유명
가수 클리프 리처드(Cliff Richard)를 포함하여 수많은 사람들이 믿
음을 고백했다. 지역 교회에 맡겨진 후속 조치에 문제가 많았지
만 영국이 1860년대 이래로 그 어떤 때보다 1954년의 부흥에 더
근접해 갔다는 점에는 대체로 의견이 모아진다. 부흥이 일어난
것은 아니었다. 하지만 그 여파는 대단했다.

1950년 후반에 내가 런던신학교의 교수로 첫발을 내딛었을 때, 그 대학에는 빌리 그레이엄을 통해 믿음을 갖게 된 학생들로 가득했었다. 그야말로 황금기였다. 랭햄 플레이스에 위치한 올소울스처치(All Souls Church)의 교구 목사였던 존 스토트가 런던 전도 집회에서 그레이엄의 주요 조력자였는데 그들은 절친한 친구 사이였다. 올소울스처치에서 스토트가 하는 일은 전략적이고도 매우 중요했다. 친구 초청 예배의 아이디어를 처음으로 고안한 것도, 회심자들의 상담자 역할을 하도록 회중에게 상당히 심도 있는 훈련을 한 것도, 대학들에서의 효과적인 복음전도 설교를 주도한 사람도 스토트였다. 내가 그를 잘 알게 되고 그에게서 배울 수 있었던 것은 특권이었다. 그는 내 결혼식 때도 설교를 해 주었다. 스토트는 그의 긴 생애 내내 내가 들어본 최고의 복음전도자 가운데 한 사람이었다. 그는 성경과 자신의 정중함과 목소리, 그 이외에는 아무것도 사용하지 않았다.

그 시대에 많은 사람들이 빌리 그레이엄과 존 스토트에게서 힌트를 얻었다. 많은 복음주의 교회들에서는 연중 여러 차례 친구 초청 예배를 드리고 예배 후에는 구원의 길을 살피는 후속 모임을 갖는 것이 하나의 전형적인 패턴이 되었다. 비록 세계적인 복음전도자 루이스 팔라우(Luis Palau) 말고는 영국에서 대중전도 집회가 시도된 적이 없었지만, 대규모 전도 집회는 분명 있었다. 여기에는 많은 기독교 사회 봉사가 수반되었다. 그것은 분명 단순한 설교는 아니었다.

그러나 영국의 분위기가 바뀌기 시작했다. 1960년대에는 피임약에 기반한 여성 해방 운동과 결부되어 복음에 대한 회의론이 더욱 증가했다. 영국이 전쟁이 끝나고 실제로 회복되기 시작하고 팝 음악이 혁신적으로 변하고 널리 영향을 미치게 된 것이 바로 그때였다. 사랑 노래도 있고 미래에 대한 확신을 노래하는 곡들도 많았지만 더 많은 노래가 허무주의와 낙담에 대해 노래했다. 우리 중 일부는 사람들을 그리스도께로 인도하려면 우리의 메시지에 두 가지 조정이 필수적이라는 사실을 깨달았다.

변증과 저술을 통해 문화에 대응하기

하나는 사회가 점점 더 세속화되면서 훌륭한 변증의 필요가 증가했다는 것이고, 다른 하나는 아티스트들과 음악을 만드는 사람들이 가장 잘 표현해 내는 그 시대의 감정과 분위기와 호흡을 잘 맞추는 것이 중요하다는 것이었다. 내가 아주 우연한 기회로 글을 쓰기 시작한 것이 바로 그때였다. 글을 써 달라는 요청을 받고 있었지만 나는 계속해서 거절했다. 그런데 한 콘퍼런스에서 프랜시스 쉐퍼(Francis A. Schaeffer)와 함께 강연을 하고 있었다. 나는 그에게 글을 쓰라고 설득했고 그는 글쓰기에 자신이 없다고 답했다. 쉐퍼는 강연과 테이프로 영국 복음주의자들 사이에 대단한 영향력을 갖고 있었기에 내가 대필 작가를 찾아보겠다고 제안했다. 이것이 그의 첫 번째 저서가 나오게 된 배경이다! 그 후 쉐퍼는 급속도로 명성을 얻어 최초의 효과적인 현대 변증가가 되어 세상의 문제들과 정말로 씨름을 했다.

나는 그의 방법에 아주 충격을 받았는데 왜냐하면 소크라테스처럼 대화식으로 글을 접근했기 때문이다. 그는 여러 방식으로 표현되는 세계관을 주의 깊게 경청한 다음 그 세계관을 지지하는 사람을 가차없이 자기 모순속으로 몰아넣고는 그 세계관을 가지고는 살 수 없음을 보여 주었다. 사람들의 본래의 인간성이 그 잘못된 이데올로기를 압도하게 되는 것은 바로 그 지점에서다. 나는 쉐퍼에게서 사람들을 그들이 믿고 있는 전제의 논리로 다시 몰아넣는 방법을 배웠다.

한편 나 스스로도 어쩔 수 없이 글을 쓰기 시작했다. 첫 번째 책인 *Choose Freedom*(자유를 선택하라)는 내가 케이프타운대학에서의 첫 번째 해외 선교 때 딕 루카스(Dick Lucas)와 함께 했던 설교 모음집이다. 그다지 좋은 책은 아니었지만 널리 팔려서 재판을 여러 번 찍어야 했다. 어떤 특별한 이유가 있었을까? 첫째로, 당시 대부분의 기독교 서적은 표지가 어두웠던 반면 내 책의 표지에는 푸른 하늘에 갈매기 한 마리가 날고 있는 멋진 그림이 있었다. 둘째로, 내용과 문체가 다른 기독교 서적들과 많이 달랐다. 당시의 대표적인 복음전도 서적은 존 스토트의 《기독교의 기본 진리》였으며 대체적으로 많은 작가들이 고상한 문체로 글을 썼던 반면 내 책은 말하는 것처럼 자연스러운 문체였다. 그 책은 즉각적인 반향을 일으켰고 사실 복음주의자들의 글쓰기 방식을 바꿔 놓았다.

나는 다른 책도 써 달라는 요청을 받았는데, 그때 나는 당시 방영되던 〈맨 얼라이브〉(Man Alive)라는 TV 프로그램의 제목을 이용하여 예수님의 부활이 정말로 일어났는지, 그리고 그 부활이 어떤 변화를 가져왔는지를 연구했다. *Man Alive*(부활의 증거)라는 책은 30개 이상의 언어로 번역되어 세계 수많은 곳의 사람들에게 영향을 주었다. 이 책 때문에 많은 사람들이 선교사나 목회자가 되었다는 이야기를 듣는다. 이 책은 학문적인 진실성에 풍부한 삽화가 더해져 당시의 분위기를 잘 담아냈다. 그런데 15년이 지나고 새로운 표지로 나왔을 때는 의미 있는 영향을 전혀 주지 못했다. 스포츠에서와 마찬가지로 적절한 타이밍의 문제인데, 책이 시기적절했는지는 출판 후에 홈런이 될지 폭탄이 될지 볼 때까지 확실하게 알 수 없다!

그 다음으로 쓴 책 *Runaway World*(폭주하는 세상)는 당시에는 없던 방식으로 공산주의와 심리학과 같은 그 시대의 변증학적 문제들을 다루었는데 출판사에서는 내용이 약간 무거워서 *Man Alive*(부활의 증거)처럼 잘 팔리지는 않을 수 있다고 경고

했다. 하지만 결과는 그 반대였다. 이 책의 영향은 훨씬 더 컸으며 전쟁 이후에 〈데일리 미러〉(Daily Mirror)가 서평한 단 두 권의 종교 서적 중 하나가 되었다. 내 생각에는 책을 서평한 사람이 예수에 대한 역사적 증거를 다룬 첫 번째 장만 읽었던 것 같다. 대부분의 독자들이 예수에 대한 증거가 별로 없다는 서평자의 가정을 공유했을 것인데 예수에 대한 증거가 너무나 많다는 사실을 서평자가 놀랍게 여겼고 그렇게 해서 내 책에 대한 서평이 〈데일리 미러〉에 실리게 된 것이다. 당시에는 카페 전도가 대유행이었는데 나중에 캔터베리의 대주교가 된 조지 케리(George Carey)가 그리스도께로 인도함을 받은 것은 바로 이 카페 전도를 통해서였다. 지금은 사용되지 않고 있지만 다시 살아날 가능성이 충분히 있다. 오늘날 세르비아에서는 이 카페 전도가 특히나 효과가 있다.

은사주의적 복음전도

문화가 기독교로부터 점점 더 멀어져 가고 교회가 이 문제에 적절히 대처하지 못하고 있음이 분명했다. 1970년대로 접어들면서 데이비드 왓슨(David Watson)과 나는 복음전도 방식에 새로운 변화를 줄 수 있었다. 그는 뉴욕에서, 나는 옥스포드에서,

우리 둘 다 영향력 있는 교회를 이끌고 있었는데 왓슨을 통해 먼저는 나 자신이 그리고 다음으로 내가 섬기던 세인트알데이트교회가 성경적 기독교에 은사적 차원을 더하게 되었다.

그 당시의 통념은 최소한 학생 전도 모임에서는 믿음이 없는 사람들이 노래를 불러야 할 경우를 대비해 노래나 찬송가를 부르지 않는 것이었다. 그러나 왓슨과 나는 예배가 하나님이 영혼들에게 다가가는 주요한 방법들 중 하나이며 복음전도 사역은 계시뿐 아니라 창의성도 담아낼 수 있어야 한다고 생각했다. 그래서 교회와 대학과 우리가 진행하던 교구의 전도사역에서 예배가 많이 달라졌다. 우리는 대중가요들과 문학작품으로 만든 예화들을 사용했다. 우리는 상상력을 발휘하여 드라마를 사용하되, 단순히 설교의 전조로서가 아니라 그것의 일부로서 요점을 간결하게 전하고 목소리를 바꾸고 청중의 주의를 끌기 위한 기법의 일부로 사용했다. 그래서 우리는 드라마 예배팀을 격려했고 그들이 만든 성극을 활용하거나 자체 제작한 것을 자주 활용했다.

두 교회 모두 찬송가뿐 아니라 예배 찬양을 사용하는 음악 예배팀이 있었는데 이제 댄스 예배팀도 만들어 이스라엘의 민속춤인 서클 댄스를 발전시켰다. 우리는 이 서클 댄스를 교회 밖 거리에서 활용했는데 사람들은 이것을 보고 교회로 나왔다. 예배에서도 이 댄스를 사용했다. 드라마와 댄스 사이에는 중요한 차이가 있다. 드라마는 마음을 밝히기 위해 디자인된 반면 댄스는 예배 중에 있는 영혼들을 고양시키도록 디자인되었다. 둘 다 선포에 있어 소중한 자산이다. 우리는 또한 주의 깊게 걸러낸 간증도 광범위하게 활용했는데 간증은 강단에서 가르치는 진리가 한 개인의 삶 속에서 실제로 일어난 사실임을 보여 주었다. 따라서 간증은 전도의 진행 단계 가운데 어떤 단계에서든지 사용이 가능하다. 우리는 회심자의 이전 삶은 어떠했고 어떻게 회심하게 되었으며 회심 이후에 어떤 변화가 있었는지를 인터뷰하는 시간을 가지면 그의 간증이 훨씬 더 효과적이라는 사실을 알게 되었다.

왓슨은 영국에서 가장 중요한 성직자로 인정받고 있었고 해외에서도 많은 초청을 받았던 1984년에 50세의 나이로 생을 마감했다. 왓슨은 대학에서 했던 전도 설교들을 묶은 세 권의 책을 출간하여 광범위한 독자를 얻었고, 우리 둘 다 영국과 미국에서 동시에 출간된 *I Believe*(나는 믿는다) 시리즈에 기고하면서 그리스도인 대중이 궁금해하는 교리 문제에 대해 광범위한 저술을 남겼다. 이 시리즈에 들어 있는 많은 책들이 여러 나라 언어로 번역되었다.

최근 나는 내가 쓴《초대 교회의 복음전도》라는 책을 한국어로 읽었다는 사람을 만나 보았는데 정말 감사했다! 돌아보면 그 책은 한 세대의 끝이었음을 알 수 있다. 그 이전 10년 동안 은

사주의 운동이 전국을 휩쓸었다. 방언과 예언, 치유, 축사 사역이 우리의 일반적인 사역의 일부분이었고 때로는 복음전도 가운데도 나타났다. 때때로 사람들이 바닥에 쓰러지거나 갑자기 눈물을 쏟거나 방언을 언급조차 하지 않았는데 갑자기 방언의 은사를 받는 일들이 있었다. 그러나 역사적으로 복음전도는, 성령이 특별히 역사하실 때 종종 이와 같았다. 깔끔하지 않으나 생명으로 가득 차 있었다.

한 교회의 전도법

세인트알데이트교회에서 우리는 다양한 방식으로 전도를 하곤 했다. 우리는 전도 집회들을 훌륭하게 광고하고 진행했다. 이 전도 집회들은 학교 교직원들과 학생들과 지역 사람들 모두에게 깊은 영향을 끼쳤으며 옥스포드의 주요 거리에서 설교하고 드라마와 마임을 활용했다. 마임은 특히 그 여름에 거리를 가득 메웠던, 영어를 모르는 해외에서 온 사람들에게 특히 유용했다. 조정 경기가 열리는 동안에는 강변에 모인 군중들에게 야외 전도를 했다. 그리스도인 학생들의 초대로 나는 대학 바(bar)에 가서 신앙에 대해 토론을 벌이기도 했는데 그때 확실히 감동을 받은 사람들을 일대일 점심 식사에 초대하곤 했다. 이 일을 통해 많은 사람들이 회심했다.

유명한 세속주의자들과 공개 토론을 벌였고 '디베이팅유니온'(Debating Union)에서 기독교 신앙을 변호하기도 했다. 이 행사에 많은 청중이 몰려들었는데 이 역시 많은 회심자들을 낳았다. 매년 우리는 1백명 이상의 팀을 구성해 세심한 준비를 하고 전국으로 대규모 선교를 떠났다. 이 대규모 선교 중에 우리는 종종 서클 댄스를 추며 교통을 중단시켰다. 때로는 집회에 들어오려는 사람들이 도로에 줄을 서기도 했다. 종종 야외 집회를 열었는데 정말 재미있었다. 이 집회는 "돌이키지 않으면 지옥불" 같은 종류가 아니라 흥미롭고 매력적인 어떤 것이었다. 저글러나 무릎 위에서 판자를 깨뜨릴 수 있는 힘 센 사람을 쓰기도 했는데 이렇게 하면 사람들이 많이 모여들었다. 그런 다음 사회자가 노트 없이 유머를 곁들여 환영인사를 했다. 솜씨 좋게 군중을 붙들어야 했다. 그런 다음 기독교적 삶의 다양한 측면을 다루는 짧고 예리한 간증, 군중의 화답, 그리고 마지막으로 반응에 대한 도전이 이어졌다.

이러한 공개 집회는 그 주된 목적이 회중들을 참여시키고 그들로 하여금 공개적으로 신앙의 깃발을 흔들도록 하려는 것이었다. 하지만 우리는 자주 이 공개 집회에서 확실한 회심을 목격했다. 때로 상당한 인파가 모여서 듣고 보았으며 우리 팀은 그들 사이로 들어가서 개인 전도를 하기도 하였다.

전도 사역의 또 다른 특징은 우리가 "익명의 불가지론자들"(Agnostics Anonymous)이라고 부르는 것이다. 이것은 기독교 신앙을 조사하기 위해 우리 집에 모인 일단의 불신자들을 말한다. 그들 중 거의 대부분이 그리스도인 친구의 권유로 참석하게 되었기에 그들 모두 기도로 덮여 있었다. 우리는 그들과 함께 음식을 먹은 다음 우리가 무엇을 믿고 왜 믿는지를 주로 그리스도의 인격과 그의 부활의 증거를 중심으로 그 이유를 말할 테니 그들도 듣고 자신들이 무엇을 믿지 못하겠는지를 말하라고 권했다. 이것은 매우 효과적으로 상호 작용하는 그룹이었는데 사람들이 마음을 열고 그리스도께 나아가게 되면 점차 "새신자 그룹"(Beginners' Groups)으로 옮겨 갔다. 우리는 우리가 준비한 것이 끝날 때쯤에는 불가지론자 그룹에 남아 있는 사람이 아무도 없기를 소망했다! 그 대단했던 시절에는 다른 계획들도 많았다. 우리는 종종 대학 채플에 초청받아 말씀을 전했는데 말씀 선포는 종종 믿지 않는 사람들의 회심이나 잠들어 있던 그리스도인들을 흔들어 깨웠다. 우리의 전도 사역은 깊은 잠에 빠져 있던 그리스도인들의 부흥으로 이어지곤 했다.

세속주의에 빠지다

그 후 효과적이고 혁신적인 복음전도가 주춤하는 듯했지만 1990년대 초반에 나는 캐나다에서 일하면서 그곳 대학들에서 사라져 버렸던 복음전도를 다시 소개했다. 하지만 그 10년 동안 영국에서는 세속주의가 굳어지고 '정치적 올바름'(Political Correctness)이 부상하면서(이것은 차별 철폐를 위한 평등법 제정 이후에도 훨씬 나중까지 기세를 부린다) 확신을 가지고 복음을 전도하는 일이 덜 일어났다는 인상을 받는다. 캐나다로 떠나기 전까지 나는 종종 BBC에서 "하루를 위한 생각"(Thought for the Day)이라는 프로그램을 진행했는데 거기서 매우 직설적으로 말할 수 있었다. 그런데 나중에 캐나다에서 돌아와서 보니 분위기가 많이 달라져 있었다. 이 프로그램에서는 더 이상 "예수"라는 이름을 거의 들을 수 없었다.

이처럼 1990년대는 세속주의가 승리하고 그리스도인들이 뒤로 밀려난 것처럼 보였다. 기독교 변증에 점점 더 많은 비중을 둠으로써 그러한 상황을 개선하려는 시도도 있었지만 복음전도가 없는 변증학은 부러진 갈대와도 같다. 변증학은 복음전도의 도구여야 하고 믿음에 이르게 하는 디딤돌이어야 한다. 그런데 이론가들은 다양한 유형의 변증학의 장점들만을 논하고 예수님에게는 이르지 못하면서 철학적 문제들에 집착했다. 변증학은 보통 사람들의 사고 세계로부터 훨씬 더 멀어져 버렸다는 생각이 든다. 당연히 열매도 별로 찾을 수 없었다.

그러나 21세기에 확신을 가지고 복음을 전하는 설교가 미약하기는 하지만 살아나고 있다. 광활한 황무지임에도 불구하고 전국적으로 활기차게 살아 움직이는 교회들 수가 크게 증가했으며 홀리트리니티브롬톤교회(Holy Trinity Brompton, 영국성공회에서 가장 큰 교회로 알파 코스가 개발된 곳이기도 하다)가 이끄는 교회 개척은 하나의 성장 산업이 되었다. 다른 종교들과 기적에 대해 논쟁하던 모더니즘은 가고 다른 관심사를 가진 포스터모더니즘이 그 자리를 대신했기에 이제 확신 있는 복음 설교 자체가 하나의 큰 도전이 되었다. 도덕과 진리의 절대성에 대한 회의주의와 지나친 주관주의에 직면하여 다른 접근 방식이 요구되었다. 영국인들은 기독교의 뒤를 이어 나온 인본주의가 실패한 것과 마찬가지로 기독교도 실패하고 이제 우리에게는 "내게 좋아보이는 것"을 좇아가려는 이기적인 욕망만 남았다고 생각한다. 사람들은 우리는 어디에서 왔는지, 그리고 어디로 향하고 있는지와 같은 심각한 이슈들을 대체로 꺼려한다. 이런 현상은 장기적으로 사회에 재앙이 될 것이며, 복음전도자로서는 복음 전파를 아주 어렵게 만드는 일이 될 것이다.

복음이 들려지기 위해 필요한 것들

이 책은 앞으로 나아갈 길에 대해 자세히 검토하기 위한 것이 아니다. 88세의 내가 그것을 제시할 수 있는 것도 아니다. 그러나 내가 생각하기에 중요할 수도 있는 몇 가지를 이야기해 보고자 한다.

첫째로, 행동이 말보다 더 중요하다. 사람들은 정치가들과 설교자들에 대해 지긋지긋해한다. 사람들은 이제 행동으로 나타나는 사랑이 어떤 것인지를 직접 봐야 그때서야 질문을 던지기 시작할 것이다. 굶주린 자를 먹이고 고아와 과부를 돌보고 고독한 자들과 함께해 주고 저렴한 주택 조합을 만드는 일들은 그 자체가 복음전도는 아니지만 예수님께서 분명하게 보여 주셨듯이 복음을 확신 있게 제시하는 데 필수적인 부분이다. 사랑은 세상에서 가장 위대한 것이다. 사랑은 우리가 예배하는 하나님의 메아리이다. 사람들은 하나님을 따르는 사람들의 삶에서 실제적인 사랑을 볼 수 있을 때까지 위대하신 사랑의 하나님께로 돌아오지 않을 것이다.

대학가에서는 그리스도인 학생들이 새벽 2시에 파티에 가서 술에 취한 사람들에게 냉수를 제공해 주는 것이 훌륭한 시작점이 될 것이다. 대학 선교단체가 무료 음식과 음료수를 제공하는 일이나 교회의 광범위한 사회 활동도 마찬가지다. 그런 활동들은 '왜 이 사람들은 이런 일을 하는가?'라는 의문을 일으킨다. 그리스도인들의 생활 방식은 여전히 중요하다. 이 망가진 사회 속에서 사람들은 자신의 친구들 중 일부가 그들 삶에서 두드러지는 순수함, 돕고자 하는 마음, 자기 희생, 관대함, 정의에 대한 관심이라는 다른 기준으로 살아가는 것을 본다면 이것은 그들에게 매우 매력적인 일로 다가갈 것이고 열매도 풍성하게 맺히게 될 것이다.

현대 전도자들에게 주는 두 번째 도전은 이슬람의 교리와 함께 동성애 및 트랜스젠더 이슈를 잘 이해하고 있어야 한다는 것이다. 그렇게 하기만 하면 저절로 회심의 열매가 맺히게 될 거라는 말은 아니다. 하지만 우리가 말하는 것을 우리가 분명히 알고 있다면, 청중이 우리 말에 귀를 기울일 것이고 우리는 그들에게 부드럽게 더 나은 길을 제시할 기회를 얻을 것이다.

셋째로, 나는 우리가 다른 종류의 변증학으로 나아가야 한다고 생각한다. 우리의 변증학은 그동안 특별히 대학에서 지성적인 면에 초점을 맞췄었다. 최근 브루스 길링엄(Bruce Gillingham)과 함께 랭커스터대학에서 이끌었던 전도 사역에서 우리는 마음의 문제, 즉 외로움, 정체성, 사랑, 사람들을 깊이 터치하는 가치들에 대해 이야기했다. 학문적인 문제를 회피하지 않았지만 사람들이 제기하고 싶은 문제를 가져와 함께 이야기를 나눌 수 있도록 차를 제공해 주었다. 이 일은 물론 복음전도자와 변증가에게 큰 도전이긴 하지만 질문을 가진 사람들로서는 매우 만족스러운 일이었고 랭커스터에서는 훨씬 더 높은 회심율로 이어졌다.

복음전도자는 예배의 중요성을 과소평가하지 않도록 주의해야 한다. 가장 자유분방한 은사주의자들의 예배보다 훨씬 더 과장되고 화려한 예배를 보려면 월드컵 경기만 보면 된다. 사람들은 흥분하기 위해 자신들보다 더 큰 무엇인가를 필요로 하며 양질의 예배는 그 필요를 채워 주고 사람들을 끌어들인다.

우리는 우리가 확신하는 것들에 대해 담대함을 가져야 하며 오늘날의 과도한 정치적 올바름에 맞서서 정중하지만 단호하게 표현하기를 두려워하지 말아야 한다. 많은 교회 지도자들이 이 용기와 관련하여 타협을 한 것으로 보인다. 하지만 이와 같은 용기가 기독교 전도의 특징이 되는 곳에서는 일반적으로 교회 성장이 일어날 것이다. 이 용기는 그 자체로 끌어당기는 힘이 있는 열정과 잘 조화를 이루어야 한다. 열정은 갈보리에서 타오른 불꽃과 같은데 그 불꽃은 밝고 매력적이다. 그러나 현대 교회의 대부분이, 적어도 영국에서는 열정이 부족하다.

그리스도인들이 복음의 진리에 대해 깊이 확신하고 다른 사람들에게 그 진리와 놀라운 능력에 대해 담대하게 전하게 되기 전까지는 복음의 큰 진전을 기대하기는 어려울 것이다. 복음의 진리를 제시하는 일은 창의성을 가지고 할 필요가 있다. 우리는 교회 건물 안에 너무 많이 살고 있다. 우리의 예배는 너무 뻔하고 너무 지루하다. 우리는 주님께서 우리에게 실행에 옮기라고 요청하시는 새로운 계획들보다 우리가 항상 해 왔던 것에 더 많은 신경을 쓴다. 이런 점에서 사람들에게 복음을 제시할 때에 드라마와 댄스, 시와 이야기, 드라마와 간증, 영화 클립과 같은 우리가 사랑하는 대의를 펼쳐 나갈 수 있게 하는 다른 수단들을 사용하는 것이 지혜롭다.

복음전도자들은 일회성 프레젠테이션이나 혹은 단기선교의 관점에서 생각하는 경향이 있다. 교회 개척이 최근 수십 년 동안 전 세계적으로 복음을 전파하는 가장 효과적인 방법으로 입증되었다는 점을 잊어버리면 안 된다. 내 동료의 아버지는 술집을 운영했는데 "맥주를 더 많이 팔려면 술집을 더 많이 열어야 한다"고 말하곤 했다. 기독교 운동이 교회 사무실은 임대 상가에 저렴하게 마련하고 예배와 전도를 위해 학교나 술집을 대여하는 것과 같은 상상력이 풍부하고 창의적인 대안이 아닌, 사역을 위한 건물에 너무 많은 돈을 쏟아 붓는 것을 보는 것은 슬픈 일이다.

디지털 시대에 효과적인 전도를 위해서는 반드시 웹을 활용해야 한다. 전세계가 웹을 사용하게 됨으로 어디서나 즉각적인 의사소통이 가능하게 됐다. 하지만 우리는 아직 웹이 갖는 복음전도적 차원에서의 중요성을 충분히 깨닫지 못하고 있다는 생각이 든다. 한 가지 예를 들어 보겠다. 신학대학에 다니는 내 친구는 목회자 안수를 위한 훈련을 시작하기 전에 군대에서 운전병으로 근무했다. 그는 대학에서 신학 책을 읽어서 기독교에 대해 아는 것이 많은 무신론자 대령 밑에서 일했다. 두 사람은 서로 계급이 달랐음에도 불구하고 자주 논쟁을 벌였다. 대령은 단지 그와 대화하기 위해 출장을 갈 때 많은 경우 그를 선택했다. 그들은 자기들의 토론을 인터넷에 올렸고 곧 수많은 사람들이 그 토론에 참여하게 되었다. 그 토론은 마치 영적 꿀단지와 같았다.

결국, 복음전도는 로켓 과학이 아니다. 전도는 결국 그리스도를 아는 한 사람이 그리스도를 알지 못하는 한 사람과 관계맺는 일로 귀결된다. 한번은 케임브리지에서 열린 신학생들을 위한 조찬 모임에 빌리 그레이엄이 참여한 적이 있었다. 어느 교수가 그레이엄에게 대규모 전도 집회를 복음전도 방법으로 사용하는 것에 대해 질문했을 때 나는 그가 한 대답에 충격을 받았다. "대규모 전도 집회는 복음 전파의 유일한 방법도, 심지어 최선의 방법도 아닙니다. 최선의 방법은 일대일의 대화입니다. 하나님이 제게 이 방법을 주셨고 저는 그분을 위해 책임감 있게 이 방법을 사용하기 원합니다."

내 친구 노만 워렌(Norman Warren)은 개인 전도를 전공하고 아주 간단한 소책자 *Journey into Life*(생명에 이르는 여정)를 활용하여 수백 명의 사람들을 훈련시켰다. 그는 이 소책자를 1963년에 썼는데 출판되기까지 여러 차례 거절 통보를 받았다. 지금은

4천만 부 이상이 판매되었고 매년 약 10만 부씩 계속 출간되고 있다. 그는 수백만의 평범한 그리스도인들이 자기 친구와 함께 앉아 그 소책자를 읽어가면서 그리스도께 헌신하도록 훈련시켰다. 이것은 우리가 이 책 전체를 통해 보아 왔던 원리 곧 하나님이 보잘것없고 평범한 사람들을 사용하여 그의 복음을 전파하신다는 것을 보여 주는 단지 한 가지 예일뿐이다. 복음서에서 예수님은 종종 단 한 사람에게 집중하시는 것처럼 보인다. 교회 역시 바로 이 같은 길을 따라가야 한다.

그 모든 변화와 도전들 가운데서도 하나님은 여전히 신실하셨으며 복음은 전세계에서 계속 성장하고 있다. 현재 가장 어려운 대륙인 유럽은 때로 실망스러운 모습이다. 그러나 18세기 초 가난과 부도덕, 술 도가니에 빠져 있었던 영국 사회를 기억해 보라. 한 세대 만에 웨슬리와 휫필드의 설교를 통해 영국의 분위기가 그 이후 100년 동안 완전히 바뀌었다. 아니면 선교사들이 추방되던 1950년에 기독교인이 1백만 명으로 줄어들었다가 지금은 공산당 정부의 감시에도 불구하고 신자수가 1억 명 이상이 되었고 그 수가 계속해서 증가하고 있는 중국을 생각해 보라. 하나님은 이미 하신 일을 또다시 하실 수 있다. 예수님은 참으로 주님이시다.

에필로그

복음전도,
우리에게 주어진
영광스러운 일

    마이클 그린은 88세의 노령인 자신은 복음전도의 미래에
대해 말할 입장이 아니라고 말했다. 나는 그의 나이의 절반에
도 미치지 못했지만 나 역시 복음전도의 미래에 대해 말할 수 있
는 자리에 있는지 잘 모르겠다. 전도 사역을 갈 때면 우리는 종
종 "나이든 마이클"(Old Michael)과 "젊은 마이클"(Young Michael)로
불렸다. 하지만 그의 지치지 않는 에너지와 열정을 볼 때면 때로
누가 정말 '젊은 마이클'인가를 물어야 했다!

코로나 팬데믹이 우리에게 가르쳐 준 것이 있다면 그것은 아마도 우리는 내일 일을 모른다는 사실일 것이다. 2020년 초에 대규모 기독교 모임에 참석했던 적이 있다. 그 콘퍼런스에서 어떤 이들은 우리가 부흥을 목전에 두고 있다고 자신 있게 예측했다. 사실 우리는 팬데믹을 목전에 두고 있었다. 그리고 팬데믹이 제공한 독특한 전도의 기회들에도 불구하고 그 팬데믹이 부흥으로 이어지지는 않았다. 하나님은 여전히 팬데믹을 통해 일하고 계셨지만 아무도 예상했던 방식은 아니었다.

복음전도 사역의 현재 관찰 가능한 트렌드들을 파악하고, 그 트렌드들에 대해 어떻게 대응할지를 고려하는 것이 필요하다. 하지만 여러 상황이 우리가 기대하는 것과 매우 다른 방향으로 전개될 수 있음을 받아들이며 겸손을 유지하는 것이 우리에게 더욱 필요한 일일 수 있다.

팬데믹이 가져온 복음전도의 변화

마이클 그린은 복음전도를 위해 인터넷 활용의 필요성에 대해 이야기했다. 팬데믹은 여러 가지 면에서 우리 모두가 인터넷을 활용할 수밖에 없게 만들었다. 어쩌면 그가 살아서 이 시절을 지켜보지 못한 것은 하나님의 작은 자비였을지도 모른다. 그는 자주 자신의 구형 휴대전화 켜는 일을 잊어버리곤 했다. 그런 그가 얼마나 기술적인 도전들을 즐겼을지는 나도 잘 모르겠다. 하지만 그가 이 기회를 놓치지 않고 활용했을 것이라는 점은 의심하지 않는다. 돌아가시기 직전에 그는 나에게 스마트폰을 구입하는 것을 고려 중이라고 말했던 것을 기억한다.

팬데믹은 몇 가지 '온라인 복음전도'의 기회들을 드러내 보여 주었다. 알파 코스(Alpha Course)는 지금까지 대면 방식으로 참여했던 사람들보다 온라인 코스에 참여한 사람들 수가 훨씬 더 많았다고 보고했다. 사람들은 각자의 집에서 사생활과 안전을 지키면서 자신에게 편한 시간에 참여할 수 있었다.

구글과 유튜브는 세계 최대의 검색 엔진들이다. 사람들은 간단한 사실에 대한 정보나 오락거리를 찾기 위해서뿐 아니라 "어떻게 용서할 수 있는가?", "나는 누구인가?", "왜 우리는 죽는가?"와 같은 더 개인적이고 깊은 의미를 찾는 질문들에 답을 찾는 수단으로도 이 구글과 유튜브를 찾는다. 이 검색 엔진들을 통해 사람들이 던지는 질문들에 그리스도인들은 짧고 매력적인 답변을 제공할 수 있다. 이제 많은 사람이 어떤 건물 안에서 벌어지는 교회 예배나 전도 행사에 참여하기보다 온라인에서 영상을 시청할 가능성이 훨씬 더 높다. 나는 온라인에서 기독교 영상을 보다가 그리스도를 믿게 된 많은 사람들을 만났고, 그들은 나중에야 그리스도인들과 직접 만남을 가졌다.

온라인 전도의 도전과 한계

인터넷은 전례 없는 기회들을 제공하지만 다른 한편으로 우리에게 많은 도전 과제와 심각한 한계들도 제시한다. 나 자신을 포함해 많은 그리스도인들이 우리의 의사소통 방식을 온라인 청중을 위해 조정하는 일에 신속하지 못했다. 많은 사람들이 자신들이 진짜 교회에 있는 것처럼 카메라를 향해 설교를 했다. 우리는 사람들이 실제로 궁금해하는 질문들에 답하는, 더욱 간결하고 매력적인 콘텐츠 제작을 위해 더 많은 노력을 기울여야 했다.

온라인 공간은 사람의 마음을 변화시키기에 어려운 곳일 수 있다. 사람은 자신의 신념에 도전하는 내용보다 자신의 신념을 지지해 주는 콘텐츠를 시청하거나 읽을 가능성이 훨씬 더 높다. 소셜 미디어 알고리즘은 우리가 스스로 만든 메아리방 안에 들어가 우리와 상반된 생각과 신념들로부터 격리된 채 거기에만 갇혀 있게 만들 수 있다.

온라인 전도의 가장 큰 약점은 공동체를 만들고 환대를 제공하는 것이 훨씬 더 어렵다는 것이다. 공동체와 환대는 사람들을 믿음으로 이끄는 중요한 요소들이다. 따라서 나는 이 온라인 전도가 나름의 역할이 있기는 하지만, 복음을 직접 대면해 전달해야 할 필요성을 대체하지 못할 것이며 또 그렇게 해서도 안 된다고 주장한다. 팬데믹은 우리에게 예수님의 성육신의 중요성뿐 아니라 실제적 대면을 통한 연결의 필요성을 역시 아주 놀라운 방식으로 가르쳐 주었다고 생각한다.

달라지고 있는 젊은이들

세속화는 마이클이 60년 동안 복음을 전하면서 목격한 흐름이고 이 흐름은 지금까지 지속되고 있다. 세속화라는 흐름은 많은 사람들이 복음을 전혀 이해하지 못했다는 도전을 주기도 하지만, 동시에 사람들이 지난 수년에 비해 복음에 더욱 열려 있음을 의미하기도 한다.

20년 전 대학 선교회에서 강연하는 일을 시작했을 때, 나는 사람들의 호기심을 불러일으킬 만한 강연 제목을 찾기 위해서 기독교 신앙에 대한 사람들의 반론을 출발점으로 삼았다. 예를 들면 "왜 하나님은 고통을 허락하는가?", "하나님께로 가는 길이 어떻게 하나뿐인가?" 등과 같은 제목이다. 그 결과로 나의 첫 번째 책인 *What Kind of God?*(어떤 하나님이신가?)에서 나는 소위 신무신론자들이 제기한 여러 도덕적 반론들을 다루었다.

많은 무신론자들이 부모의 (혹은 명목상의) 종교를 거부하고 있는 것처럼 보였다. 그러나 지금은 상황이 달라졌다. 내가 만나는 대부분의 젊은이들은 기독교를 어떤 형태로든 접해 본 일이 없고 앞에서 언급된 반론을 인식조차 못하고 있었다. 최근 대학생들과 함께 크로아티아로 선교를 나갔는데, 학생들은 그곳 캠퍼스에서 "고통의 존재는 하나님의 존재를 반증하는가?"라는 질문으로 설문조사를 했다. 놀랍게도 거의 모든 사람들이 아니라고 대답했다. 그 이유를 물었을 때, 사람들은 어째서 고통이 하나님과 상관이 있는지 혼란스러워했다!

그렇다고 해서 사람들에게 질문이 없다는 말은 아니다. 그것은 단지 사람들이 자신들의 깊은 관심사와 하나님이 어떻게 연관되는지를 보지 못한다는 것을 의미한다. 그들은 "왜 하나님이 고통을 허락하는가?"라고 묻는 대신에 "내 고통에 어떤 목적이 있는가?"를 묻고 있는지도 모른다. "하나님께로 가는 길이 어떻게 하나뿐일 수 있는가?"라고 묻는 대신 "분열된 세상에서 어떻게 평화를 누릴 수 있는가?"를 묻고 있을 수 있다.

우리는 기독교 신앙이 삶의 모든 영역과 관련이 있음을 보여 주기 위해 노력을 기울여야 한다. 사람들이 전통 종교에는 냉담할 수 있으나 모든 것에 냉담한 것은 아니다. 오히려 그 반대이다! 오늘날의 젊은이들은 부모 세대보다 사회 문제에 더 관심이 있고 윤리적으로 보수적일 가능성이 더 높다. 최근에 일어난 가두 시위를 보면 이들이 인종 및 성의 평등과 환경 문제에 강한 열정을 가지고 있음을 알 수 있다. 그런데 많은 이들이 깨닫지 못하는 것은 복음이 그 모든 것들의 궁극적 기초라는 사실이다.

내가 보기에 현재의 서구 문화에는 복음의 아름다움을 보여줄 수 있는 세 가지 사회 현상이 존재한다.

복음을 제공할 수 있는 세 가지 기회

공동체의 필요

최근의 한 강연에서 현대사회의 종교, 정치, 사회의 관계를 연구하는 '테오스씽크탱크(Theos Think Tank)'의 닉 스펜서(Nick Spencer)는 복지 국가의 성장이 많은 사람들로 하여금 이제는 교회가 불필요하다고 생각하게 만들었다고 말했다. 한때 교육과 의료 분야에서 필수적인 공급원이었던 교회가 이제는 '불필요한' 존재로 여겨진다는 것이다. 하지만 지난 50년 동안 삶의 수준은 크게 나아졌지만 그렇다고 해서 오늘날 사람들의 삶의 경험이 더 좋아졌다는 의미는 아니다. 오늘날 영국인들의 4분의 1이 항우울제를 복용하고 있다. 그 이유 중의 하나는 사람들의 고립과 외로움이 증가했기 때문이다.

유럽 대륙에서는 점점 더 많은 사람들이 혼자 산다. 전통적으로 노인이 가장 외로운 세대로 여겨졌지만 복수의 연구에 따르면 이제 유럽에서 노인들보다 젊은이들이 외로움을 경험할 확률이 두 배 더 높다고 한다.

이러한 현상은 교회에게 훌륭한 기회이다. 교회가 사람들로 하여금 진정한 공동체와 사랑의 환대를 경험하게 하는 사람 혹은 장소가 될 수 있기 때문이다. 사람들이 믿을 때까지 기다렸다가 교회 공동체로 초대해서는 안 된다. 대부분의 사람들은 믿음을 갖기 이전에 어딘가에 소속되고 싶은 욕구를 갖고 있다. 이러한 소속의 필요는 자신의 필요를 충족시키는 것만을 의미하지 않고 사실은 다른 사람의 필요를 충족시켜 주는 기회를 얻게 됨을 의미한다.

용서의 필요

많은 사회 평론가들은 우리 사회가 점점 더 비판적으로 변하고 있다고 지적했다. '퇴출 문화'(cancel culture)라는 말 뒤에 숨어 있는 동기는 인종 차별과 불평등 같은 불의에 대한 올바른 분노일 수 있다. 하지만 이런 종류의 문화는 용서해 줄 사람도 용서를 구할 사람도 사라지게 만드는 결과를 이끌 수 있다. 십대 시절에 저지른 실수가 나중까지 우리를 괴롭힐 수 있다.

이러한 문화 속에서 예수님의 용서는 사실 특별한 매력을 전할 수 있다! 하나님은 우리의 죄를 그저 용인하지 않으시며 반드시 정의를 요구하신다. 그러나 하나님은 그리스도 안에서 정의를 충족시키시는 동시에 우리에게 대가 없는 용서를 베푸실 수 있다. 만일 교회가 용서를 설교하는 동시에 용서의 모범을 보여 줄 수 있다면 그것을 지켜보는 이들에게 특별한 매력으로 다가올 것이다.

소망의 필요

코로나 팬데믹과 계속되는 환경 위기, 유럽의 전쟁 발발과 그에 따른 경제 위기로 인해 사람들은 미래에 대해 점점 더 큰 두려움을 느끼고 있다. 수십년에 걸쳐 비교적 안전했던 시기를 지나온 지금, 전세계적 갈등이 주는 위협은 놀랄 만큼 현실로 다가와 보인다. 이는 모든 것이 결국에는 좋아질 것이라는 계몽주의 이후의 일반적인 견해를 흔들어 놓는 강력한 도전이다.

이러한 분위기 속에서 그리스도의 부활에 근거한 그리스도인의 소망은 특히 더 밝게 빛날 수 있다! 믿는 자들이 자신의 일상 생활 속에서 이 소망을 전하고 본으로 나타내 보일 수 있다면 복음은 오늘 우리의 문화 속에서 놀라운 설득력을 가질 수 있다.

사회는 교회가 삶과 무관하다고 생각할 수 있다. 하지만 두려움과 외로움으로 가득한, 판단하고 정죄하는 이 세상 속에서 하나님의 복음은 사람들에게 환대와 용서, 사랑과 소망을 줄 수 있다.

복음전도의 사명은 이제 우리의 몫

마이클 그린이 우리의 곁을 떠난 지 3년이 지났지만 나는 지금도 그를 자주 생각하고 그를 그리워한다. 여러 전도 사역들을 함께하는 가운데 더욱 돈독해진 우리의 우정과 우리가 함께 누렸던 즐거움이 그립다. 그러나 내가 가장 그리워하는 것은 예수님을 향한 그의 열정과 그분에 대해 쉼 없이 전하고자 했던 그의 열심이다. 그의 열정은 많은 사람들에게 큰 도전을 주었다. 마이클과 함께 시간을 보낼 때면 전도의 열정으로 배터리가 충전되는 기분이 들곤 했다!

마이클의 장례식 후에 많은 친구들이 그를 회고하면서 그가 우리에게 얼마나 큰 영감을 주는 복음의 모델이었는지를 함께 나누었다. 그 오후가 끝날 무렵 마이클의 아내 로즈메리가 마지막으로 짧은 소감을 나누었다. 로즈메리는 사람들이 나누어 주는 모든 이야기를 듣고 나니 이제 복음전도의 일에 새롭게 헌신하기를 결단하고 싶다고 말했다.

이 책을 읽은 당신에게도 비슷한 영향이 있기를 바란다. 미래가 어떻게 되든, 우리는 세상에서 가장 좋은 소식을 전하는 일에 우리 자신을 온전히 헌신해야 한다. 마이클 그린이 보여 준 독보적인 전도 방법을 따라 불어오는 문화의 바람에 '새롭게' 대처하면서 하나님과 다른 사람들을 섬기자. 이웃을 섬기자. 왜냐하면 우리는 마이클이 그러했듯이 "주 안에서 우리의 수고가 헛되지 않은 줄" 알기 때문이다.

마이클 오츠(Michael Ots)

유럽대학복음주의모임 현장책임자, 영국랜스다운침례교회 목사

chapter 1

1. 나는 복음을 선포할 때 겁내지 않는가? 아니면 '정치적 올바름'(political correctness)에 대한 고려에 좌우되는가? 나의 사역은 말로 전하는 일뿐만 아니라 긍휼히 여기는 마음과 정의에 대한 관심과도 잘 연결되는가?

2. 나는 다른 사람들과 대화할 때 그들에게 그리스도에 대해 말해 주려고 애쓰는가?

3. 나는 좋은 팀원인가?

4. 나는 환난과 반대, 고난을 견딜 수 있는가?

5. 나의 일상생활은 복음을 확신 있게 드러내 보여 주는가?

chapter 2

1. 내가 선포하는 것은 듣는 이들에게 좋은 소식으로 보이는가?

2. 나의 메시지는 반대를 불러일으킬 만큼 충분히 도전적인가?

3. 교회 개척은 나의 영적 관심사에 포함되어 있는가?

4. 나는 다른 사람에게 다가가 복음을 전하는 일에 열심을 내는 핵심 그룹을 세웠는가?

5. 나는 가정 모임과 책, 개인적인 대화를 복음전도를 위해 충분히 활용하고 있는가?

chapter 3

1. 나의 복음 선포는 사랑이 그 특징을 이루는가?

2. 나는 효과적인 복음 전파를 위해 문화를 연구하는가?

3. 나는 복음의 영향을 위해 치유와 귀신 쫓아냄 같은 영역들에서 성령의 능력을 얼마나 진지하게 고려하는가?

chapter 4

1. 수도원의 강점과 약점은 무엇인가?

2. 명목상의 신앙이 대세를 이루는 때 교회는 어떻게 반응해야 할까?

3. 공적인 삶으로 돌아가기 전에 사막에서 보내는 2년과 유사한 것이 현대에 있다면 무엇인가?

4. 이 시기에는 위대한 설교자들이 있었다. 그들의 효과적인 복음전도의 비결은 무엇인가?

chapter 5

1. 나의 복음 선포는 사람들의 좌뇌에만 호소하지 않는가?

2. 사람들에게 복음을 전하기에 앞서 나는 그들의 문화를 이해하려고 얼마나 노력하는가?

3. 내가 전하는 복음은 위에서부터 제시되는 권위 있는 교리적 메시지인가, 아니면 듣는 사람들 안에 있는 이상과 열망을 반영하는가?

4. 내가 다니는 교회는 이 초기 수도원들처럼 따뜻하고 개방적이며 양육을 제공하는 공동체인가? 우리의 공동체로부터 선교팀이 만들어지고 있는가?

5. 복음에 대한 식지 않는 열정으로 가득했던 켈트 그리스도인에게서 나는 구체적으로 무엇을 배울 수 있는가?

6. 복음은 나의 삶 전체에 영향을 주는가, 아니면 일부 영적인 면에서만 영향을 미치는가?

chapter 6

1. 나는 내 신념에 대한 반대와 박해에 직면할 준비가 되어 있는가?

2. 나는 성경의 가르침들을 삶과 믿음을 위한 가이드로 삼는가?

3. 나는 가난한 사람들과 불이익을 당하는 사람들, 복음을 전하려는 내 열정을 꺾으려고 적대적으로 대하는 사람들을 충분히 보살피며 도와주는가?

4. 나는 세상과 타협해 복음을 변질시키는 교회 안의 잘못된 일들에 대해, 실제로 그러한 일들이 널리 수용되고 있다 하더라도 반대할 준비가 되어 있는가?

5. 나는 복음의 사역을 계속 이어갈 수 있도록 다음 세대를 준비하는 일에 힘을 쏟는가?

chapter 7

1. 나와 내가 속한 교회의 복음전도는 균형잡힌 성경적 가르침을 반영하는가?
아니면 한 가지 특정한 접근 방식이나 증거 본문들(prooftexts)에 의존하는가?

2. 우리는 웹과 디지털 시대의 기회들을 충분히 활용하는가?

3. 우리는 복음에 대한 확신을 가지고 반대에도 물러서지 않으며, 필요하다면 그 진리를 위해 죽을 준비가 되어 있는가?

4. 우리는 교회가 정치적 올바름이라는 수렁에 빠져 있을 때에도 성경의 진리를 선포할 준비가 되어 있는가?

5. 자신이 복음전도자가 아니라 하더라도 크랜머와 같이 나의 영향력을 사용해 전도자들이 복음을 전할 수 있도록 기회를 열어 주는가?

6. 우리 문화에는 복음으로 돌파구를 열 수 있는 어떤 기회가 있는가?

chapter 8

1. 나는 다른 복음전도자들과 대등한 관계에서 함께하거나, 혹은 그들의 리더십 아래에서 사역하기를 좋아하는가?

2. 나는 혼자 사역하는 것을 선호하는가, 아니면 팀으로 전도하기를 선호하는가? 그 이유는 무엇인가?

3. 나는 현대의 세속 음악을 얼마나 이해하고 전도에 활용하는가?

4. 나의 생활 방식은 냉정한 관찰자의 비난을 피할 수 있는가?

5. 나는 복음전도자로서 결신자의 수를 세는 것으로 만족하는가, 아니면 새신자들이 양육 그룹에 연결될 수 있도록 이끄는가?

6. 나는 사람들이 믿음에 이르게 하는 일에 성령의 역사하심과 성령의 은혜, 성령의 은사들이 필요하다는 점을 얼마나 진지하게 받아들이는가?

7. 나는 사역 방식을 혁신하고 또 그 혁신의 효과를 점검할 준비가 되어 있는가?

8. 내가 교회 밖에서 마지막으로 복음을 전한 것은 언제였는가?

9. 나는 사람들이 교회에 나오는 것으로 만족하는가, 아니면 그들에게 중생의 필요성에 대해 전해 주고 있는가?

chapter 9

1. 나에게는 18세기 전도자들과 같이 에두르지 않고 직접적으로 복음을 말할 용기가 있는가?

2. 나는 윌버포스와 섀프츠베리와 같이 인생의 목표를 위해 끊임없이 노력하는가?

3. 나는 복음전도자들이 한 것처럼 한 번도 본 적이 없는 사람들의 구원을 위해 마음을 쓰고 있는가?

4. 나의 전도는 단지 말로만 하는 전도인가, 아니면 복음을 보여 주는 삶의 실천들로 가득한가?

5. 나는 전도를 통한 사회 변화가 실제로 일어날 수 있도록 다른 사람과 협력하고 있는가?

chapter 10

1. 나는 정말로 부흥을 위해서 기도하는 것은 둘째로 치더라도, 부흥처럼 혼돈 스러운 것을 원하는가?

2. 내가 복음전도에서 열매를 원한다면 기도에 전념할 각오가 되어 있는가?

3. 나는 기꺼이 하나님이 나를 들어 사용하시거나 혹은 옆으로 비켜서게 하시 도록 준비되어 있는가?

4. 나는 하나님께서 사람들의 완고하고 불경건한 마음 밭도 깨트리실 수 있다고 믿는가?

5. 나는 전도를 혼자 하는 일로 생각하는가, 아니면 팀과 함께하는 다양한 접근 들을 사용하는가?

6. 나는 하나님이 나의 방식이 아닌 하나님의 방식대로 일하시는 것에 만족하는가?

chapter 11

1. 복음전도에 있어 무디와 그레이엄이 도입한 가장 중요한 혁신들은 무엇인가? 이 혁신들은 오늘날에 얼마나 적절한가?

2. 대규모 전도 집회와 부흥 집회의 강점과 약점에 대해 생각해 보라.

3. 세심한 준비와 훌륭한 팀으로 일하는 그레이엄의 사역은 얼만큼 풍성한 열매를 거두었는가?

4. 무디와 같이 제대로 된 교육도, 신학 훈련도 받지 못하고, 안수를 받은 적도, 교단에 소속된 적도 없는 설교자가 어떻게 이와 같은 영향력을 미칠 수 있었을까?

5. 신학적인 통찰력과 철저한 준비와 비교해 볼 때 정직성과 진실성은 효과적인 복음전도를 위해 얼마나 필수적인가?

6. 피니, 무디, 그레이엄은 모두 교육을 잘 받지 못한 평범한 사람들이었고 모두 매우 겸손했다. 이러한 점이 이들의 성공에 얼마나 큰 의미가 있었을까?

7. 세 사람의 복음전도자들은 사역을 자신들의 공로로 취하지 않고 하나님께 영광을 돌려드리는 일에 세심한 주의를 기울였다. 이것은 오늘날의 복음전도자들에게도 공통적인 특징인가?

chapter 12

1. 내가 살아오는 동안 문화와 효과적인 복음전도에 있어 변화된 것들이 있다면 어떤 것인가?

2. 한때는 기독교가 지배적이었던 유럽이 왜 그토록 기독교에서 멀어지게 되었는가?

3. 성, 인종, 평등, 생명의 신성함과 같은 현대적 이슈들에 대해 예수님은 어떻게 반응하시리라 생각하는가?

4. 이 책에서 언급된 복음전도자들 가운데서 내가 가장 존경하는 사람과 가장 존경하기 어렵다고 생각되는 사람은 누구인가? 각각에 대해 그 이유는 무엇인가?

5. 이 책을 통해 복음전도가 얼마나 대단한 과업인지를 보게 되었는가? 그렇다면 당신은 이제 그 대단한 과업과 관련하여 무엇을 실천하겠는가?